SEED TO SEED

固定種野菜の種と育て方

Noguchi Isao　Sekino Yukio
野口 勲　関野幸生

創森社

種から種へ *Seed to Seed*

それぞれの地域の気候､風土に適応するかたちで選抜、固定を繰り返し、連綿と守られてきた固定種・在来種の野菜。これまで多くの野菜が単作、均質、量産化の効率性をはかり、F_1交配種（一代雑種）となっていくなかで衰退、消滅の危機にさらされている。これら個性的な風味、形質を持つ固定種野菜を持ちこたえさせ、地に足を着けて自家採種を続け、「種から種へ」と受け継いでいくことが急務となっている。

キュウリの種
（相模半白胡瓜）

いま、固定種野菜で自家採種することの意味

野口　勲

固定種野菜の良い点は味や姿、形の魅力もありますが、なんといっても自家採種、つまり自分で種を採るのができること。これに尽きます。固定種野菜から自家採種された種は以後、その土地の土壌条件や生産者の栽培方法にあわせて育ちます。それは、本書の共著者である関野幸生さんたちの無肥料自然栽培の畑などでも同様です。

大昔から人類は自家採種を繰り返すことで、その土地に合った作物を育ててきました。それがいま、大きく変わりつつあります。ヨーロッパでは、種苗会社が申請し、国が許可した種しか販売できません。フランスでは、自家採種した種を友人と交換しただけで犯罪となり逮捕、投獄されます。アメリカでは、二〇一一年一月にオバマ大統領が署名して施行された食品安全近代化法という法律で、販売する野菜が規制される、と大きな話題になりました。

世界中でいま、なにかとんでもないことが起ころうとしています。日本が交渉参加を表明したＴＰＰ（環太平洋経済連携協定）も食料を支配しようとする種子産業などの謀略の一環に思えて仕方ありません。

いまのうちに固定種野菜を栽培し、必要性の高まる自家採種技術を身につけ、健康な野菜の遺伝子を子孫のために残しておきましょう。遺伝子組み換え作物やF_1種（一代雑種）野菜しか食べられなくなる日がやがてくる、その前に……。

収穫したニンジン
（冬越黒田五寸人参）

旨い野菜は固定種・無肥料自然栽培の畑から

関野幸生

年ごとに「安全で安心できる、旬の旨い野菜が食べたい」との声が上がるようになってきています。にもかかわらず、生産・流通・消費の流れの中で有効な手だてが講じられてこなかったところに農業問題の難しさ、複雑さがあるのでしょう。

さて、私は専業農家として固定種の種を主力にトマト、キュウリ、ニンジンなど四〇品目ほどの野菜を無肥料自然栽培でつくっています。この無肥料自然栽培というのは、安全で旨い野菜をつくるため、一切の農薬と肥料を用いない栽培法です。

もちろん、土壌環境を良好にしたり、自分で採った種で作物の生命力を取り戻したりするなどの取り組みはあるものの、ことさら特殊な技を駆使するわけではありません。不作の年でもなんとか耐えてこられたのは自分でちゃんと種を採っているからであり、まさに「はじめに種ありき」です。

本書では、これまで私が取り組んできた無肥料自然栽培の考え方と固定種野菜の育て方、種の採り方などを余すところなく紹介したつもりです。

共著者であるカリスマ種屋の野口勲さん、一部の作目を分担執筆していただいたｎｉｃｏ（無肥料自然栽培の普及、推進団体）の仲間の石川寛子さん、長野正野さんのご姉妹、明石誠一さん、渋谷正和さん、さらに無肥料自然栽培にかかわる多くの方々、編集関係のみなさんに記して謝意を表します。

第1章 無肥料自然栽培の考え方・取り組み方 関野幸生 21

MEMO

◇本書の野菜栽培は、主として固定種の種を元に農薬、肥料を用いない無肥料自然栽培の考え方、取り組み方を中心に紹介、また、栽培時期は関東、関西の平野部を基準にしています。
◇野菜の栽培、採種を主とする専門用語は、本文初出にカッコ書きで解説。難読用語は、本文初出でふり仮名をつけています。
◇「コラム　野菜の種明かし」は、『野菜だより』（学習研究社）に「野菜の種、いまむかし」として連載（二〇〇八～二〇一〇年）されたものを元に掲載しています。

プロローグ

いま、なぜ固定種の種が重要なのか

野口 勲

袋入りの固定種の種が棚で存在をアピール

私は固定種を扱っている種屋

私は埼玉県飯能市の、たぶん日本で一番小さな種屋です。店売りもしていますが、周囲はスギやヒノキが植林された林業地帯で、ほとんど田畑がありませんから、近所に種を大量に買ってくれるお客さんはいません。

お客さんの大半は、インターネット通販でお求めになる全国の家庭菜園の愛好家や有機栽培、自然栽培などで消費者への直販をしている小規模の農家の方々です。

扱い品目は「固定種」という、大昔から人類がつくり続け、種を繰り返し採り続けながら品種改良してきた野菜の種のことです。「固定された形質が親から子へ受け継がれる種」を指す業界用語で、複数の親から異なる形質を受け継いで、一代目の子だけがその中で優性の均一形質を現す「F_1交配種」に対して使われ、親が単一であるために、「単種」と言われることもあります。

現在、スーパーなどで普通に売られている野菜は、ほとんどがF_1種になっています。F_1種は種を採っても親と同じ野菜はできず、姿形がメチャクチャな異品種ばかりになってしまいます。そのため、種を買った一代目だけが決められた揃いの良い野菜になり、農家は毎年、高い種を買わなくてはなりません。

一方で固定種は、採った種は親と同じ形質になります。また、固定種は、現在、主流となっているF_1種に比べて味が良く、また生育が均一でないため、大きく育ったものから間引きながら長期間にわたって収穫できるので、自給用に向いています。

私は、固定種の種採りも父の代から五〇年以上続けてきました。「全国原種審査会」で農林大臣賞を連続受賞していた「みやま小かぶ」を中心に、地元野菜のノラボウナや埼玉特産のコマツナ、地這キュウリの種などは、今でも細々ですが採種しています。

世の中の野菜はF_1種だらけ

日本中の野菜の種は、昭和四〇年頃を境にして自

カブの種（みやま小かぶ）

種入り袋の陳列棚

店先で種を採る（中・野口勲）

家採種できず、毎年種苗会社から買うしかないF_1種子に変わってしまいました。

その理由の第一は、収穫物である野菜が「工業製品のように均質でなければならない」という市場の要求です。異品種間をかけ合わせた雑種の一代目（F_1種）は、遺伝の法則の基礎でもあるメンデルの法則によって両親の優性形質だけが現れるため、見た目が均一になります。例えばダイコンは、太さが八㎝、長さが三八㎝というように規格どおり揃うので箱詰めしやすくなり、一本一〇〇円均一などで売りやすくなるのです。

また、現在、野菜市場で流通する野菜の六割以上が外食産業によって購入されているそうです。外食産業にとって、規格どおりの大きさのF_1種野菜は、機械調理に適していて作業効率がいいわけです。

F_1種以前のダイコンは、同じ品種でも大きさや重さがまちまちでした。そのため、昔は野菜を一貫目いくらとかいちいち秤《はかり》にかけて売っていました。これでは大量流通に向かないので、工業製品のように規格が揃ったF_1種野菜に変わっていったのです。

理由の第二は、生育スピードの速さです。生物は、雑種になると雑種強勢（ヘテロシス）という不思議な力が働き、それまで三カ月かかって生長していたダイコンが、二カ月で一人前になるなど短期間で生長するようになります。ですからF_1種の種を使うと、畑を一年間に何回転も使用でき、単位面積当たりの販売額を上げることができるのです。

F_1種以前の昔の野菜は自家採種ができたので、野菜を出荷した後も数カ月種採り株に畑を占領されていました。F_1種は毎年種を買わないといけないので、収穫が終わればすぐ畑を更新して次の野菜をまくことができます。経済効率最優先の時代に必要な技術革新であったとも言えるでしょう。

このようにF_1種は、大量生産・大量消費社会の要請で生まれました。

F_1種づくりの推移

最近の外食産業が野菜産地や種苗会社に要求する理想の野菜は、「味がなく、菌体量が少なく、生ゴミの発生量が少ない野菜」なのだそうです。

「味付けは調味料を使って我々がやる。野菜になまじ味があると、レシピが狂ってしまうから困る」というわけです。こうして、ほとんどの人がまったく知らない間に、日本の野菜が、どんどん変化しているのです。

F_1種づくりの方法は、「除雄」という雄しべを人為的に除去する方法から始まり、「自家不和合性」という近親婚を嫌がる性質を利用する技術に発展し、現在は遺伝的な欠陥である「雄性不稔」を利用する方法へと変化してきています。

雄性不稔とは、健全な花粉ができず、花粉が不全で自分の花粉では受精できない不妊症の性質のことを言います。そのような欠陥を持った株の近くに、健全な花粉をつくれる父親役の品種を植えておけば、その花粉でのみ受粉し、労せずしてF_1種の種が採れるわけです。

この雄性不稔が見つかるまでのF_1種づくりは、雑種強勢を得ることが目的でした。そのためには、大変な手間がかけられていたのです。しかし、雄性不

固定種とF1種の種の特徴

固定種の種

- 何世代にもわたり、絶えず選抜・淘汰され、遺伝的に安定した品種。ある地域の気候・風土に適応した伝統野菜、地方野菜（在来種）を固定化したもの
- 生育時期や形、大きさなどが揃わないこともある
- 地域の食材として根付き、個性的で豊かな風味、形質を持つ
- 自家採種できる

F_1種の種

- 異なる性質の種をかけ合わせてつくった雑種一代目。
  F_1はfirst filial generation（最初の子どもの世代の意）の略
- F_2（雑種第二代）になると、多くの株にF_1と異なる性質が現れる
- 生育が旺盛で特定の病気に耐病性をつけやすく、大きさも風味も均一。大量生産、大量輸送、周年供給などを可能にしている
- 自家採種では、同じ性質を持った種が採れない（種の生産や入手価格を種苗メーカーにゆだねることになる）

注：『野菜の種はこうして採ろう』（船越建明著、創森社）をもとに作成

稔が見つかってからは、いかに手間をかけないで生育が早く均一のものをつくりだすか、いかにお金をかけずに大量生産できるか、ということが主眼になっています。

この方法でF_1種の種を生産するには、雄性不稔の親を維持する必要があります。ところが、やはりそのような株も本来の生命力が働いて、遺伝的な欠陥を修復してしまうことがあるそうです。

F_1種野菜の危うさ

修復された雄性不稔株を残しておくとF_1種づくりがうまくいかないため、種苗会社では、そういったものを全部引き抜いてしまいます。遺伝的に不健康な株を残し、健康な株を捨ててしまっているのです。そして今は、雄性不稔の株をつくりだすために遺伝子組み換えをおこなうといった動きも出ているようです。はたしてこれは野菜にとって、それを食べる私たちにとっても、健全なことなのでしょうか。

また、一方で、形質だけでなく遺伝子レベルも均

一であるF_1種は、大量生産に向いていることと裏腹に、病虫害が発生すると一気に広がり、全滅してしまう可能性があります。ですからF_1種野菜の生産には、どうしても農薬が欠かせなくなります。これもやはり、健全とは言えないのではないでしょうか。

一方で最近は、食の安全・安心や食育などの観点から、「地方野菜」や「伝統野菜」といった言葉もよく耳にするようになっています。まだ明確に定義づけはされていませんが、「地方野菜」とは地方でしか流通していない野菜、「伝統野菜」は地方野菜の中で他地域にも著名で特産と言えるような野菜を指している言葉です。最近では、F_1種化されたものもありますが、多くの地方野菜や伝統野菜は固定種です。

本来の環境適応性を持つ固定種野菜

固定種の地方野菜や伝統野菜は、大量生産や周年栽培に向かない代わりに、適期に播種して適期に収穫する「旬の味」と個性的な姿、形が、画一化したF_1種野菜に飽き足りない人たちを魅了しています。

この伝統野菜を地域の特産品として売り出そうとしている人たちの中には、「よその土地ではできない」「他では味が落ちる」と言う人もいるようです。確かに風土と密着した元の味は出せないかもしれませんが、実際には適期にまけば日本のどこでもつくれるものばかりです。

もともと日本にあった野菜は「ワサビ」くらいで、ほとんどの野菜は世界中から入って来た伝来種です。それが日本各地に広がり、それぞれの気候、風土に適応し、時には他の野菜と自然交雑することによって、現在の地方野菜、伝統野菜に変化してきたのです。

例えばダイコンは、日本に伝来して各地に広がったことで、約二〇〇種類の品種があったそうです。また、気候の変化と地野菜との自然交雑（人の手が加わらず、異なる品種の間でおこなわれる交配）で形が変化した野菜で有名なものに、「野沢菜《のざわな》」があります。元は関西の「天王寺《てんのうじ》かぶ」ですが、江戸時代に京都に修行に来ていた信州野沢村のお坊さんが、「天王寺かぶ」の種子を持ち帰ったのが始まりと言

ダイコン(ネズミだいこん、写真・丹野清志)

出荷直前のカブ(みやま小かぶ)

歯ごたえのよいキュウリ(神田四葉胡瓜)

ナス(埼玉青大丸ナス)

サトイモ(エビいも)

カブ(津田かぶ、写真・丹野清志)

われています。

今では似ても似つかない両者ですが、かたや「大阪の伝統野菜」の代表格であり、かたや「長野で最も有名な伝統野菜」となっています。

このように、野菜の遺伝子が本来持っている多様性や環境適応性が発揮されることで、各地でたくましく根付いていくことができるのが固定種の魅力なのです。

固定種には野菜の未来が詰まっている

固定種野菜の良い点は、その味の素晴らしさや姿、形の魅力もさることながら、やはり自分で種を採れるということに尽きるでしょう。種採りを三年も続けていれば、固定種の持つ遺伝的な多様性と環境適応性が発揮され、親の形質を引き継ぎながらその土地に合った野菜に生まれ変わっていきます。

ある意味でかつての日本は、野菜の食べ方が限定的でした。しかし世界中の料理が紹介され、日常的に食べられるようになった現在は、逆に無限の可能性が広がっていると感じています。

例えば「埼玉青大丸《あおだいまる》ナス」（写真一五頁）という巾着《きんちゃく》型で緑色のナスは、皮が硬いので漬物には不向き。味噌汁の実に使って汁が黒く濁らないくらいしか取り柄がないと思っていたのですが、銀座のフランス料理店のコックさんは「これほどフランス料理に合うナスはない」と、ほめちぎってくれたそうです。そうして考えてみると、野菜にはまだまだ、無限の可能性がありそうです。

私は、まだ地方の固定種が細々とでも残っているうちに、各地のいろいろな固定種の種を日本中にばらまきたい、そして種の持つ多様性の花を開かせ、それぞれの地域に合った「新品種」に変化させたいと願っています。

固定種野菜の維持、発展の手助けをしてくれる人が少しでも増えて、これからの野菜が野菜本来の生命力に満ちあふれ、それを食べた人々がより健康になるような未来となっていくことを願ってやみません。

LIFE SEED GRAFFITI

関野農園(埼玉県富士見市)から

固定種野菜に滋味あり妙味あり

甘みのある肉質の小カブ(みやま小かぶ)

ブルームのあるキュウリ(相模半白胡瓜)

養分を蓄え、肉質の多い尻づまり系ニンジン(冬越黒田五寸人参)

味の濃い完熟トマト(アロイトマト)

トウガラシ(万願寺唐辛子)とオクラ(東京五角オクラ)

品質がよく、食味のすぐれた青首ダイコン(宮重総太大根)

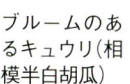

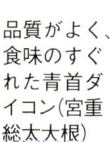

LIFE SEED GRAFFITI

いのちを育む 無肥料自然栽培の畑

収穫間近のコマツナ
（丸葉小松菜）

みやま小かぶは、均整のとれた形状で肉質が緻密

収穫期の小カブ
（みやま小かぶ）

アブラナ科だが
他と交雑しない
ノラボウナ

旺盛に伸びる
シュンギク
（中葉春菊）

風味抜群のキュウリ（ときわ地這胡瓜）

見直されている完熟系のトマト（アロイトマト）

収穫期のネギ
（石倉根深一本葱）

収穫期が近いササゲ（金時ささげ）

収穫したばかりの三浦大根

引き抜くのに力がいる三浦大根

収穫期の青首系のダイコン（宮重総太大根）

独特の香りのマクワウリ（甘露まくわ瓜）

育てやすく、多くの用途があるナス（真黒茄子）

短期作ができるインゲン（いちずいんげん）

高温に強いオクラ（東京五角オクラ）

赤くなる辛味種のトウガラシ（鷹の爪とうがらし）

ダイズの未熟な豆であるエダマメ（早生大豊緑枝豆）

LIFE SEED GRAFFITI

固定種野菜の種を採り、保存

トマトの種を採るため、発酵を促す

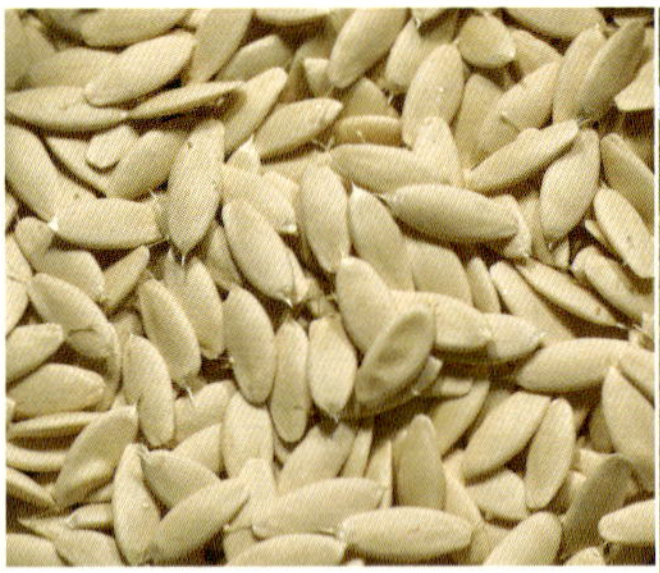

キュウリの種（相模半白胡瓜）

種採り用のキュウリ（相模半白胡瓜）

ニンジンの種（黒田五寸人参）

ニンジン（冬越黒田五寸人参）の傘花

ノラボウウナの種

トウガラシの種
（鷹の爪とうがらし）

ピーマンの種
（さきがけピーマン）

赤トウガラシの乾燥果実
（鷹の爪とうがらし）

ゴマの種（金ゴマ）

サク入りのゴマ（金ゴマ）

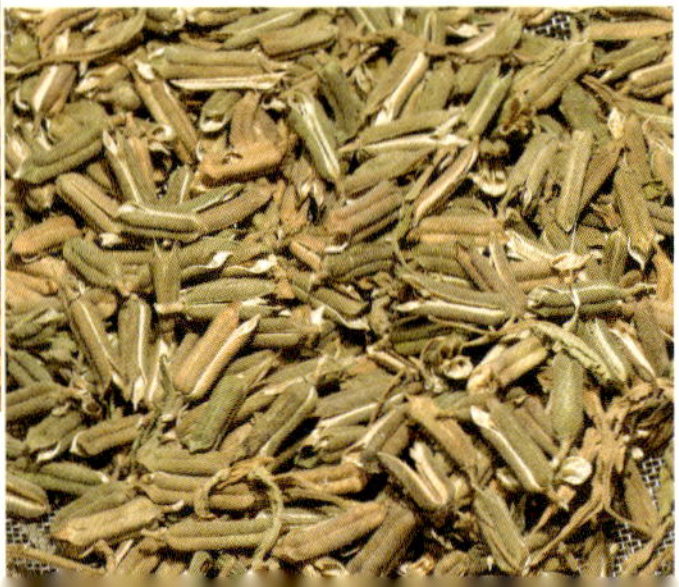

ダイコンの種（宮重総太大根）

第1章

無肥料自然栽培の考え方・取り組み方

関野幸生

ネギ(石倉根深一本葱)の育苗

作物が健全であるために

私は、埼玉県富士見市で固定種の無肥料自然栽培、つまり化学肥料はもちろん、有機肥料も農薬もいっさい使わない方法で、様々な作物を育てています。「本当にそんなことができるの？」と思われるかもしれませんが、病害虫に負けない、そして本当においしい、素晴らしい作物が育っています。

日本の農産物は安全・安心というイメージがありますが、実は農薬使用量も肥料使用量も、世界的に突出しています。高温多湿な日本では病虫害が発生しやすいため、どうしても農薬使用量が多くなっているのです。

それは、栽培している作物が高温多湿に向いた性質を持っていないということなのです。栽培している環境に合った性質を持つ作物であれば、農薬も肥料も必要ないはずです。そして、そういった性質の作物をつくりだすのが、「種採り」「連作（同じ土地に同一の作物を毎年植えること）」を特徴とする無肥料自然栽培です。

カブの種まき（関野幸生）

肥料と農薬を使って育てられた作物は、それらの化合物のようにも思えます。私に言わせると、おいしいとされている有機栽培の作物でも、とくに動物堆肥を使ったものは堆肥の味がしますし、鶏糞を使ったものはアンモニア臭がします。

しかし、無肥料自然栽培で育てられた作物は、吸収しているものがすべて天然に供給されたものの化合物ですから、余計な雑味がなく、その作物本来の旨みの固まりとなります。

作物を育てる方法には、もちろん様々な考え方、取り組み方があるでしょう。私はそれらを否定する気はありません。例えば医療で考えてみると、現在は対症療法が進歩しており、それは私たちにとってとてもありがたいことです。しかし、医療の本来の目的である「人々が病気をせず健康に暮らす」ことができているわけではありません。

　農業も同じことが言えるのではないでしょうか。私は、その環境に合っていない作物を、農薬や肥料といった対症療法を施して育てるのではなく、作物そのものを環境に合わせ、健全に育てるべきなのではないかと考え、無肥料自然栽培を実践しているのです。

サトイモ畑

エダマメのさやを観察

無肥料自然栽培を始めたわけ

どうして作物に肥料を与えるのか

普通の勤めに出ていた私が家業の農業を継ぐことになったのは、三〇歳になったとき（二〇〇一年）でした。それまでは手伝い程度しかやっていなかったので専門的な知識はまったく持っていませんでしたが、客観的に農業を見ながら「いつか無農薬でやりたい」という思いがありました。

　植物はわざわざ肥料を与えなくても、自ら光合成をして糖をつくりだす力があることを、誰もが子供の頃に教わっています。「それなのに、なんで農業では肥料を与えるのだろう」と、いつも思っていました。

　私は釣りが趣味で、自然の中によく出かけていくのですが、そんなときに見かける森や林の植物は、肥料も農薬も与えられてはいません。庭のカキの木だって、落ち葉を全部持ち去られても毎年実をならせています。

また、私の年代は、子供の頃から「農薬がどれだけ環境を汚染しているのか」、また「農薬がやがて自分たちの身体に返ってくる」ということを教わってきました。

ですから、「技術の進歩してきた現在は、そんな危険なものが使われているはずはない」と思っていたのですが、実際に家の仕事を継いでみると、農薬の毒性は弱くなっているものの、あい変わらず、ものすごい量の肥料や農薬を使っていました。

肥料を与えるから作物は弱くなる

「これはおかしい」と思って近所のベテラン農家に相談しても、「そういうものだ」としか応えてくれません。「無農薬なんてあり得ない。殺虫剤を使わないと、虫食いだらけになって、とても出荷なんてできない」と言うのです。

私には、どうにもそれが信じられなかったので、試しに農薬を使わないで育ててみました。すると、池袋から電車で三〇分足らずの住宅街でも、どこから来たのかわからないくらいの大量のヨトウムシが発生してしまいました。当初、「こんな街中には虫はいないから、大丈夫だろう」と、たかをくくっていたのですが、やはり虫食いだらけになってしまったのです。

「肥料や農薬は使わなくても作物はできるけれど、見栄えの良いものをつくるために少しは必要なのかな」くらいに考えていたのですが、実際にやってみたら、それはとんでもないことだったのです。

それでも、肥料や農薬を使うことは腑に落ちません。そこで、独学で勉強を始めました。そして、いろいろな本を読んでいるうちに、「肥料と農薬の量が比例する」ことに気づきました。

肥料を与えれば与えるほど植物は軟弱に生長してしまい、細胞同士の結びつきがユルユルになってしまいます。そうなると、どうしても病虫害に対する抵抗力が弱くなるので、農薬を使わざるを得なくなるのです。

　逆に言えば、植物自身が欲している養分を、必要なときに消化しきれる最小限の量を与えれば、植物は健全に育ち病虫害にも強くなるので、農薬も必要ないはずです。土にも余計な肥料が残らないので、連作障害も起こりません。そこで、そのような形を理想とした無農薬栽培を始めてみました。

　ところが、現場でその理想を再現しようとしてもできないのです。例えば、水溶性の化学肥料は天候によって効き方が変わります。カラカラに乾いている畑に硫安（硫酸アンモニウム）をまいても効きません。

　家庭菜園ならば、水をまいたところに硫安をまけばサッと土に入って良い効き方をして、化学肥料ですからサッときれて土もダメにしないのですが、それを大面積の畑でやろうとすると、ぜんぜんうまくいかないのです。私の畑では、窒素欠乏で余計にひどい状態になってしまい、キュウリはベト病が発生して全部ダメにしてしまいました。

「やはり、念のために肥料は作物が必要としてい

植えつけ７日後のネギ畑

支柱を立てたピーマン畑

収穫期のミニトマト

る以上に施して、その弊害の病虫害を農薬で抑えるような栽培方法でないと、経営的には成り立たないのかな」と、少し落ち込んでしまいました。

無肥料自然栽培と固定種との出会い

そんなふうに無農薬栽培で悪戦苦闘しているとき、インターネットでたまたま開いた飛騨高山の「よしま農園」のホームページで、無肥料栽培のことを知りました。いっさい肥料を与えずに本来の土の姿、つまり土壌の生態系を取り戻すことで作物も植物本来の姿を取り戻していくというもので、その大きなポイントが「種採り」と「連作」でした。種をまいて、育った中から病虫害に強く生育が良かったものを選んで種を採り、その種を同じ土地にまくということの繰り返しです。

また、よしま農園のホームページには、「種採りをするには、F_1種では採った種の性質がバラバラになってしまうので、固定種とか伝統野菜を使ったほうが良い」ということも書いてありました。そこで本書の共著者である野口のタネの野口勲さんのところに相談に行ったのが、二〇〇三年のことでした。

それから現在まで、私の畑では固定種の無肥料・無農薬による自然栽培を続けていますが、なんとか良い成果を得られているのです。

「種採り」と「連作」の考え方

種採りをする意味

作物は毎年、病虫害や猛暑などの好ましくない環境と闘い、なんとか対抗する術《すべ》を身につけようとします。そして次の世代のために、その術を記憶として種に残すのです。その中でも、とくによく頑張ったものを母本《ぼほん》（その品種の特性を示す親株）として選び、種を採ることで、次の年にはより強い作物が育っていくことになるわけです。

もちろん無肥料自然栽培でも、不作の年はあります。それでも私があきらめずに続けてこられたのは、ちゃんと種を採っているからです。二〇一〇年のような夏の猛暑で全体にダメな年でも、中には元気に

ネギ坊主を刈り取る

種採り用のゴボウの株

脱粒前のシュンギク

育つものがあります。それから種を採ることが、翌年への希望につながり、「こんなひどい年にもできたんだから、来年はきっと」と、私をやる気にさせてくれるのです。

　そのためにも、無肥料自然栽培は固定種でなければなりません。固定種の種は、母本の性質を安定して受け継ぎますが、F_1種の種はせっかくの母本の記憶がしっかりと受け継がれていかないのです。

連作をする意味

　そして、もう一つのポイントが「連作」です。

　無肥料自然栽培では、畑の肥料分を抜いていくことが必要です。とは言え、一気に畑の肥料分を抜く術はないので、畑にある程度の肥料が残っている状態からスタートし、作物や土壌の微生物にそれを消費してもらうことで、だんだんと肥料分を抜いていくわけです。

　種採りをするということは、作物の代を重ねることでその環境の変化に慣れさせていくことです。ですから、毎年同じところで育てていかないと、作物が戸惑ってしまうのです。

その作物の生命力を取り戻す

私が無肥料自然栽培を始めた最初の一年は、固定種がもともと肥料の依存度が低い上に、畑に残肥があるので、収量はF_1種の慣行栽培（現行の一般的な栽培）の二割減程度に収まり、すごくきれいな作物が収穫できました。施肥を止めることで肥料の効きがいくらかやわらいでいるので、病虫害も結構抑えられました。

日本の畑は窒素肥料をたくさん与えているので、土壌中に窒素を消費する微生物がたくさん棲んでいます。ですから窒素肥料を施さなくなると、土中の窒素分は二年目の途中くらいでほとんど抜けてしまいます。実際に私の畑で土壌診断をしたデータによると、二年目を過ぎた頃には、土壌の硝酸態窒素量は一般の畑の一〇分の一程度しかありませんでした。ある調査結果によると、一度、底をうった土壌窒素が長い年月をかけ、ゆっくりと上がってくることがわかっています。それは土壌中の空中窒素を固定する微生物の働きです。

種採りをしていれば作物がその変化に適応してくれるのですが、種採りをしていないと、いくら肥料の依存度が低い固定種といえども、そのレベルの窒素量ではまったく育ってくれないのです。

植えつけ（定植とも言い、ポットなどで育った苗を畑に本式に植えること）や作物の枝や茎などを切る剪定など、作物の生命力を引き出す方法はたくさんありますが、種採りと連作にかなうほどのものはありません。私は、種採りを農作業全般の中心として考えています。種まきや間引き（発芽後に込み合っているものを除去する作業）、収穫などの作業も、最終的により良い種を採ることをイメージしながらおこなっています。そうして無肥料自然栽培になじんだ作物は、自らの生命力で育つようになり、ある意味で手間がかからなくなってくれるようになるのです。

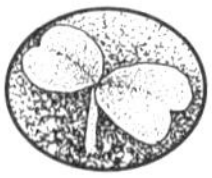

無肥料自然栽培の土づくり

土壌の生態系を取り戻す

無肥料自然栽培をおこなうことを決意した私は、まず土壌の清浄化を目指しました。つまり、これまでに畑に施した肥料を抜けきらせ、土の中の化学的な物質や未分解の有機物（油粕、魚粕、鶏糞、堆肥など）がなくなった状態にすることです。そうすることで、本来の土壌生態系、土の中の微生物たちのバランスが戻ってくるのです。

土壌生態系を取り戻した畑

収穫間近のエダマメ畑

現在の私の畑の土の窒素分は、一般の畑の一〇分の一しかありません。「こんなところで作物が育つわけがない」と言われるほどの状態です。しかし、実際に作物は必要な窒素を吸収して育っています。作物の根のまわりに棲みつき、根から出てくる糖や酸などの有機物を目当てに集まっている微生物が、空気中の窒素を固定し、その窒素を作物が利用しているのです。

マメ科の植物の根につく根粒菌がそのような働きをするのはよく知られていますが、それ以外にも、根から独立して空中窒素を固定する細菌が二〇種類以上確認されています。

また、例えば土壌に棲むセンチュウには、他のセンチュウを食べるタイプ、枯れた植物などを食べるタイプ、根に寄生するタイプの三種類がいて、根に寄生するタイプの根瘤《ねこぶ》センチュウなどが作物に悪さをします。本来の土壌には、根に寄生するセンチュウは一番少なく、他のセンチュウに食べられていたりするものなのですが、そのバランスが狂ってしまっているのが畑の土なのです。

土の中の生態系は、私たち人間がコントロールするのは難しいので、植物と微生物に任せるしかありません。そのために、肥料はもちろん、枯れ草などの粗大有機物も何も施しません。

私の畑では、ナスを収穫後に引き抜いてみると、無肥料自然栽培を始めて最初の四年くらいは根が根瘤センチュウの仕業で瘤だらけになっていました。しかし、五年目からは根瘤センチュウはほとんど見なくなりました。土に何も施さずに自然に任せておくことで、根瘤センチュウにとっては棲みづらい土壌環境になったか、または他のセンチュウを食べるタイプのセンチュウが増えたのでしょう。

無肥料自然栽培とは、いわば土が本来持っている生態系を取り戻し、そのシステムを利用して作物を栽培することなのです。

植物が求める土の物理性

そのような土の中のシステムができやすい状態にしていくのは、人の役目です。

日本中の土を調べて、植物にとって土の物理性はどんなものが良いのかを研究されている方に、お話しをうかがったことがあります。その方が言うには、「最終的に心土（硬い土の層）が出てくるまでの間の土の硬さが、深さと比例しているのが理想的」ということでした。その物理性が整ってさえいれば、土質は砂地だろうが粘土質だろうが火山灰だろうが、また心土までの深さが二〇㎝だろうが四〇㎝だろうが、関係ないのだそうです。

つまり、表面はフカフカで、深くなるにしたがって徐々に硬くなっているような土になっているのがベストです。深さに応じてフカフカから硬くなっていく変化がなめらかであれば、土に空気や水が含まれている割合もなめらかに変化するわけで、そこは多様な土壌環境がつくられている状態になります。

そうすれば、様々な微生物が棲みつくことができ、植物も必要に応じて根を伸ばすことができるのです。

心土の近くには必ず水分がありますから、水分を補給したければ直下根を一本下に伸ばせばいいし、養分を補給したければ、空気が多く含まれて好気性の微生物がたくさん棲みついている表層に細かい根を伸ばせばよいのです。

しかし、現在は深く耕すのが主流のため、硬い層までずっとフカフカしているような畑がほとんどで、その研究者の方に言わせると、日本で土の硬さの変化がなめらかになっている畑は、これまで一件しか見たことがないそうです。

畑土における土の三相（固相、気相、液相）

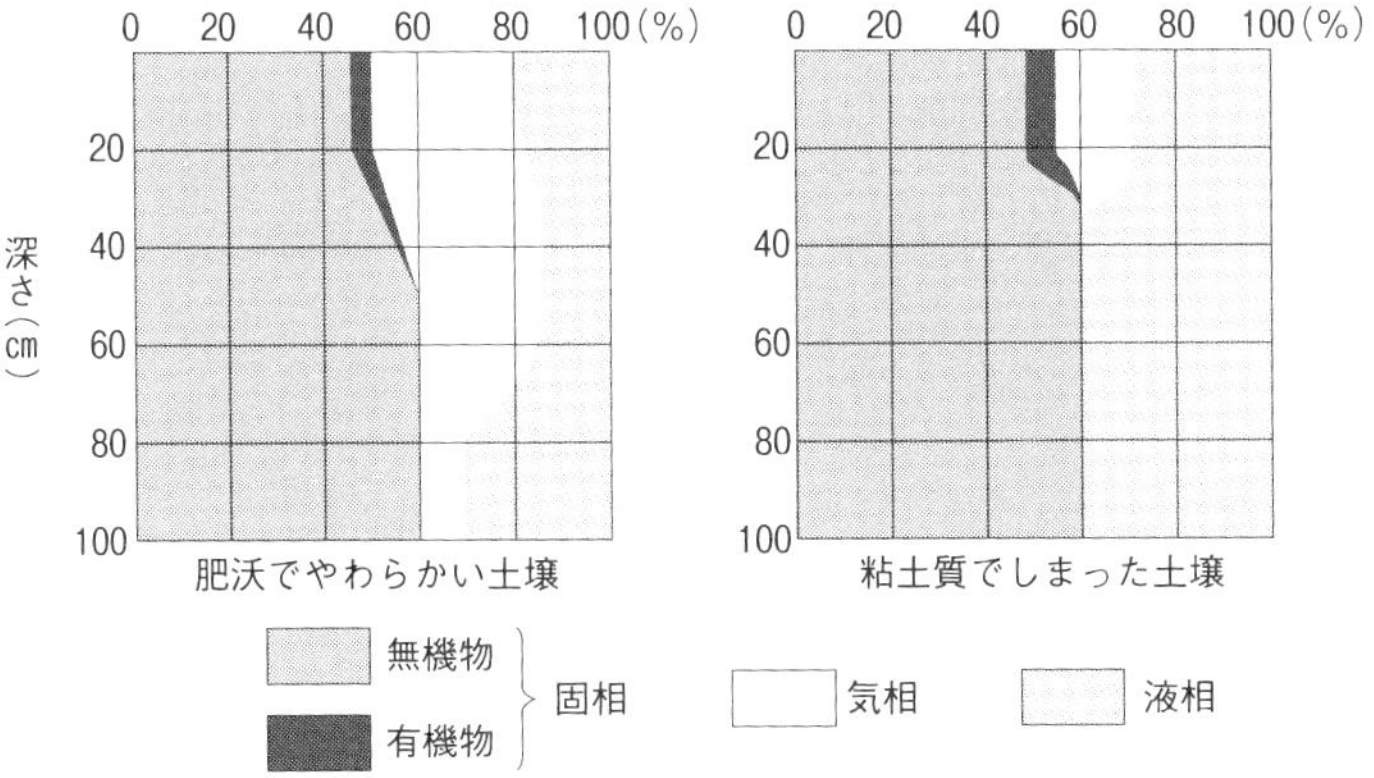

注：①固相は土の粒子（無機物＝粘土、砂、有機物＝廃植）、気相は空気、液相は水（土壌溶液）

②微生物は固相には入り込めず、液相中で生活し、栄養分をとる。気相には糸状菌や放線菌の一部が棲む

③『土壌学』（川口桂三郎ほか著）、『栽培環境』（角田公正ほか著、実教出版）による

土壌微生物は環境の変化に弱く、プラウ耕（トラクターなどの牽引により、プラウで土地を耕起すること）のように土を反転してしまうと壊滅的なダメージを受けてしまい、生態系が回復するにはかなりの時間が必要になるので、日頃から極力浅い耕耘を心がけることが必要です。うちの畑も、そのような土の物理性を持つ畑にすることを目指しています。

考えてみれば森の土は、表土には落ち葉が積もり、それが徐々に分解されて土になっているわけで、自然とそのような物理性になっています。そのような自然の状態を再現するのも、自然栽培が目指すところの一つなのです。

土壌環境を良好にするための畝づくり

そのような土の物理性をつくる方法の一つが、畝（排水をはかるため、整地の段階で土を盛り上げたところ）づくりです。土を立体的に盛り上げることで、表層はフカフカに、深くなるにしたがって徐々に硬くなるようにするのです。

また、畝を立体的にすることには、植物が求める土の物理性をつくりだす以外にも意味があります。盛り上がった部分が昼夜の温度変化で膨張収縮を繰り返すことで、畝そのものが空気を吸うようになり、絶えずフレッシュな酸素や窒素が入ってくるようになります。

また、畝を高くすることによって水はけも良くなります。表面近くの土をそのような状態に保つことで、好気性の微生物の活性が上がるのです。

日本はとにかく雨が多いので、いかに畝の通気性を良くするかを考えることが大事です。だからといって、水はけを良くするためにどこまでもフカフカさせてしまうと、今度は保水性に問題が出てきてしまいます。そこがうまく兼ね合う状態を見つけなければならないのが、畝づくりの難しさでもあり、面白さでもあるでしょう。

私の畑は、周囲の畑よりも高めで約二〇cm、作物によっては三〇cmくらいまで上げることもあります。作付けは春から初夏か秋口なので、高い畝を立てて、梅雨や秋の長雨の対策をしているのです。

家庭菜園では一五〜二〇cmの畝でも大丈夫だと思いますが、例えば梅雨に入る前に畝の間を一〇cmくらい、排水溝をつくる感覚で掘るとよいでしょう。掘った土を肩に乗せて上げると畝も高くなりますし、通路として土を踏みしめたところを砕くことによって中耕にもなります。

マルチを使って自然な状態を再現

私の畑では、効果的に地温を上げ、土の水分を保つために透明のマルチ（地面にフィルムなどを敷いて作物を栽培すること）を使っています。黒マルチだと遮光してしまい、効果的に地温が上がりません。

マルチをかけるタイミングは、夏野菜でしたら四月に入って一雨降った後です。高畝にしているので余計な水分はなくなりますが、マルチをかけることで最低限の水分は保てますし、その後はどれだけ雨が降っても直接雨水が畝にしみこむことはなく、畝の間の通路からしみこむ程度に抑えることで、地温が下がりすぎることも防げます。

マルチを敷き、Ｖ字を支柱に立てたトマト

マルチを敷いた畑に茄子の苗を植えつける

透明マルチを敷く

家庭菜園でも、できれば透明マルチを使うとよいでしょう。よくわらを敷いている事例がありますが、わらも遮光をしてしまい地温を下げてしまいます。また、自然農では刈り取った草を乾かしてから畝にのせたりしていますが、その場合は厚さ三㎝くらいにするとよいようです。

　自然栽培と言いながらマルチを使っていることに違和感を抱く方もいるかもしれません。でも私のおこなっている自然栽培は、単に自然に任すということだけではなく、いかに自然の力を活かし、また、その植物が本来育ってきた土壌環境（自然）を再現するということでもあるのです。

種採りも土づくりの一環

　無肥料自然栽培で育てられた相模半白胡瓜《さがみはんじろきゅうり》の種と、一般的な施肥栽培で育てられた相模半白胡瓜の種を同時に発芽試験器にかけたところ、無肥料自然栽培のものにはカビが生えたように見えるほど細かい根毛に覆われた太い直根が出てきたのに対して、施肥栽培のものは貧弱な根しか出てきませんでした。

このカビのように見える根毛は、肥料や農薬の抜けた土だからこそできるもので、土壌微生物との共生に必要なものです。まるで流動食のように肥料を与えられて育った作物は、本来そのような役割を持った根を退化させてしまったかのように見えます。

種採りを繰り返すことによって、作物は本来持っていた生命力を思い出します。そして土壌微生物も、そのような作物だからこそ共生が可能になり、土の中の生態系が取り戻されることになるのです。やがて作物の根と土壌微生物の活動によって土が最適な状態に保たれるようになり、いっさいの無駄がなくなっていきます。

無肥料自然栽培での手入れの考え方

作物の姿、形に注目

作物は、それらの作物がもともと育っていた環境に適した姿、形をしています。植物は動き回らない選択をした結果、その場で環境に対応する術を身につけました。その結果、環境に適応した姿、形をつくりだし、その場でうまく自給していけるようになっているのです。例えば、湿気の多い環境で育ったものは根を浅く広く伸ばし、乾燥した環境で育ったものは深くまで根を伸ばします。

作物を育てるときには、その姿、形に注目することが大切です。そして、例えば根の浅いものにはある程度湿気の多い環境を、根の深いものは乾燥した環境をつくりだしていくための工夫をすることが必要です。

慎重な摘芯と思い切った摘花・摘果

摘芯《てきしん》（枝やつるの先端＝生長点を摘み取ること）や摘花《てきか》（つぼみや花を摘み取ること）や摘果《てきか》（実が大きくなる前に摘み取ること）などの剪定作業は、作物をつくる上でポイントとなる手入れです。

しかし、一般的に言われている剪定は、施肥された畑で育てていることを前提に考えられたものです。無肥料自然栽培の場合は、一般的に言われていることとは違う点に注意する必要があります。

摘果によって樹勢を回復（キュウリの例）

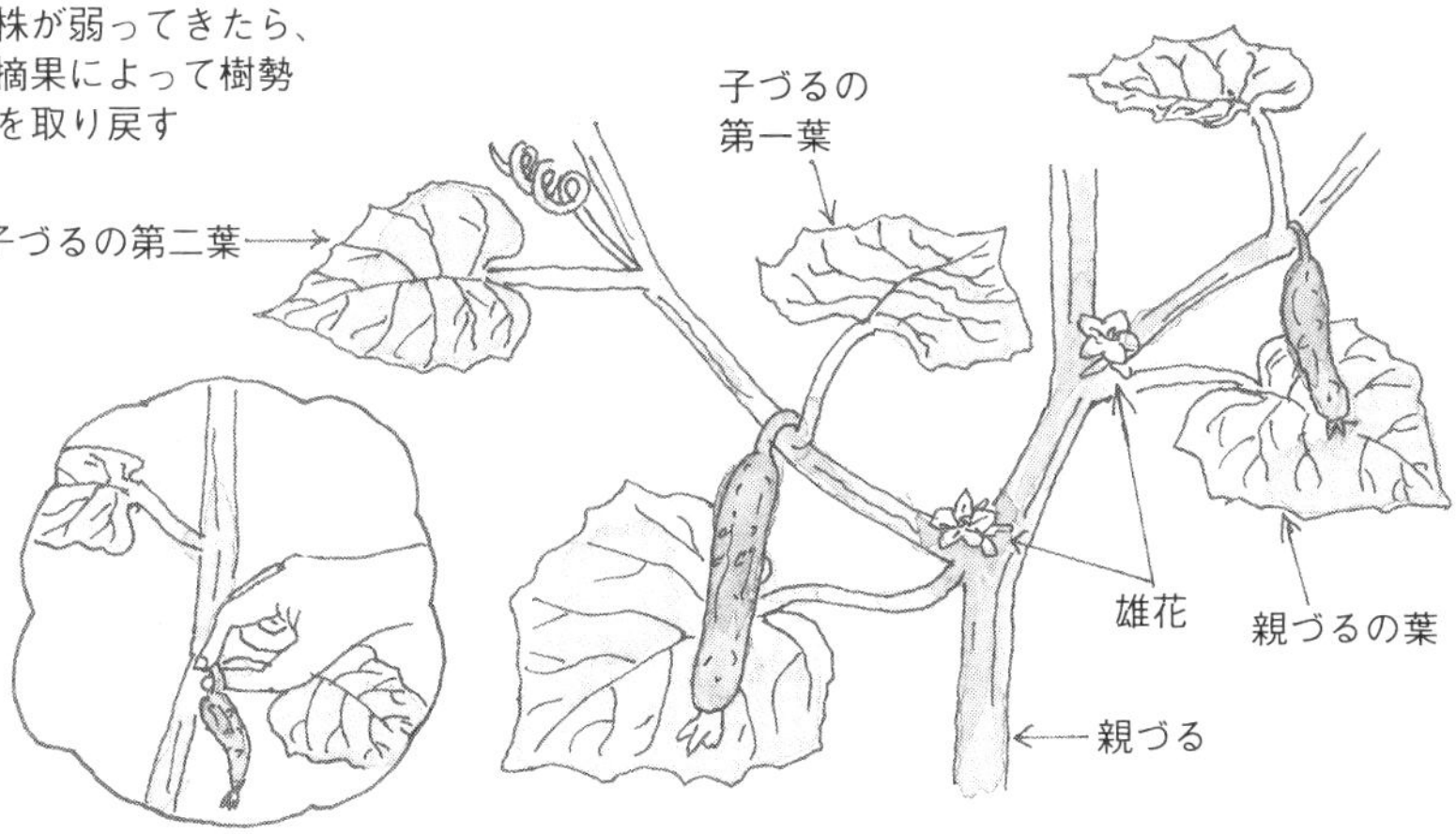
極端に曲がったり、
尻太りした幼果を手
でもぎとる

大切なのは、「地上部と地下部の生長点は絶えず連動している」ということです。勢いよく側枝《そくし》（茎の節部の葉腋《ようえき》にできる芽が発達してできた枝）が伸びて生長しようとしているときは、地下部の根もそれに連動して勢いよく伸びています。そんなときに施肥をしていない畑で教科書どおりに摘芯してしまうと、根もダメージを受けてしまい、作物は十分に生育することができません。

ですから無肥料自然栽培では、強めの摘芯をおこなうことはありません。仮に摘芯をおこなう場合も、一気に何カ所もの摘芯をおこなうのではなく、数回に分けて摘芯し、根へのダメージを最小限に抑えていくことが必要です。固定種ですから、中には育ちの悪いものも出てきますが、そういったものは、とくに摘芯を弱めたり遅らせたりすることが大切です。

一方で、摘花や摘果は強めにおこないます。花をつけ、実を大きくすることは、その株にとって大きな負担となります。花や実を間引くことで、株の勢いを取り戻すことができます。

一般栽培の場合、肥料が効きすぎて地上部が育ちすぎてしまっているときには強めに摘芯し、実をわざと大きくすることで木を落ち着かせることがあります。無肥料自然栽培では地上部が育ちすぎてしまうことはありませんので、生育状態をよく観察しながら、慎重な摘芯と思い切った摘花や摘果を心がけるとよいでしょう。

水やりは土壌微生物に水を与える感覚で

とくに夏野菜に関しては、畝が乾いていて空気が常に多く含まれている状態を保ち、夜にも地温が下がりにくい状態にしていくことが大切です。とくに五月上旬頃、夏野菜のキュウリやナスを植えた畑では、午後に水を与えると夜に土が冷えて、根が枯れてしまうことがあります。私の畑では、夏野菜にはいっさい水はやりません。

このように、作物を育てるときに結構難しいのが水やりです。土は、表面がどんなにカラカラ、パサパサになっていても、掘ってみた土が黒い状態であれば、その土は基本的に湿度一〇〇%であり、土壌微生物は活発に動き回ることができます。作物も、その状態であれば必要な水分は十分とれます。

ところが、極度に乾燥し、湿度が九〇%前半まで下がると、土壌微生物の活動が抑制されてしまうそうです。そうなると空中窒素の固定など様々な養分の供給がなされません。それでは困るので、私は土壌微生物に水を与える感覚で畝間の通路から水を与え、畝にしみこます方法をとっています。

畝の表面をビチャビチャになるほど水をやり、畝の土を締めてしまうのは良くありません。そのような状態だと、土中に含まれる空気が少なくなり、好気性の土壌微生物の活性が落ちてしまいます。また先に書いたように、とくに夏野菜は、土を冷やすと根が枯れてしまうこともあります。

病虫害の対処

種採りと連作を繰り返すことで、虫害は起こりにくくなりますが、そんな中でもやっかいなのはアブラムシです。その対処法として一番良いのは、虫とり用のブラシでアブラムシを取り除くことです。虫とり用のブラシが手に入らなければ、洗顔用のブラ

代表的な病害虫と対策の一覧

病害虫名	おもな被害野菜名	被害の状態、症状	対策
アブラムシ類	野菜全般	葉や芽、花などに寄生して汁を吸う	虫とり用ブラシで取り除く。マルチ、防虫ネットなど
アオムシ	アブラナ科野菜、とくにキャベツなど	葉を食害する	捕殺、防虫ネットなど
コナガ	アブラナ科野菜	葉を食害する	捕殺、防虫ネットなど
カメムシ類	マメ科野菜など	マメなどの汁を吸う	捕殺、除草、防虫ネットなど
シンクイムシ	ダイコン、キャベツなど	生長点を食害する	捕殺、防虫ネットなど
ネキリムシ	野菜全般	胚軸を食害する	捕殺など
ハダニ類	野菜全般	葉や芽、花などに寄生して汁を吸う	葉裏にたっぷり水を与える
線虫類	野菜全般	根に寄生する	線虫対抗植物などを栽培する
ハモグリバエ類	野菜全般	葉を食害して迷路のような白い線をつける	葉に寄生する虫をつぶす。防虫ネットなど
ヨトウムシ類	野菜全般	葉を食害する	捕殺、防虫ネットなど
コガネムシ	マメ科野菜やイネ科野菜、イモ類など	成虫が葉や果実を、幼虫が根を食害する	捕殺、防虫ネットなど
アザミウマ	ユリ科野菜、果菜類など	葉や花の汁を吸う	マルチなど
疫病	トマト、ナス、カボチャ	葉にぼけたような褐色の病斑ができる	高温多湿で発生しやすい。マルチなどで雨の跳ね上がりを抑え、風通しをよくする
べと病	キュウリ、ダイコンなど	葉に黄色い病斑ができる ダイコンは根の表面が黒ずむ	多湿で発生しやすい。葉に水がかからないようにし、風通しをよくする
うどんこ病	キュウリ、カボチャ、メロン ダイコン、ハクサイなど	葉がうどんこ状のカビで覆われる	乾燥に注意し、風通しをよくする
軟腐病	キャベツ、ハクサイなど	地ぎわ近くが柔らかく腐って悪臭を放つ	傷口から菌が侵入して発病するので、傷をつけないようにする
モザイク病	トマト、ハクサイなど	葉が縮れて、緑色の濃淡のモザイク状になる	アブラムシがウイルスを媒介するので駆除をする

注：①栽培環境を見直して予防する。病気が発生した葉や株は処分する
　②「家庭栽園Q＆A」家の光５月号（2010年）付録、『家庭菜園 ご当地ふるさと野菜の育て方』（金子美登、野口勲監修、成美堂出版）などによる

シが代わりになります。アブラムシをとるのには、刷毛《はけ》だと柔らかすぎ、歯ブラシだと硬すぎて葉を傷める可能性があるのですが、洗顔用ブラシは硬さが最適です。

苗がまだ十分に育っていない時期は、できれば毎日畑を見回り、気がついたら取り除くことが必要です。でも、ある程度株に勢いが出てきたら、無視しても大丈夫です。

また、種採りと連作を繰り返すことで、病害も起こりにくくなりますが、まれにべと病やうどんこ病が発生することがあるかもしれません。これらは、葉が老化することでかかる病気ですから、他の葉が老化していなければ移りませんので、基本的には無視していても大丈夫です。よほどひどい場合は、病気にかかった葉をとって、畑の外に持ち出すのがいいでしょう。

無肥料自然栽培での育苗

私の畑では、ナスやトマト、ピーマンなどの夏野菜は育苗（苗づくり）をおこないます。無肥料自然栽培の場合、肥料の抜けた土の中で積極的に根を伸ばしてもらいたいので、根が元気な若苗を植えつけます。ホームセンターで売られているような、地上部がひょろ長く伸び、根が巻いてしまっているような苗だと、しっかりと根付いてくれません。

どの作物も基本的にその方法は同じなので、ここで紹介しておきましょう。

● **育苗用の施設**　育苗用の施設として、ビニールハウスの中に園芸マット（防水のマットヒーター）を敷き、その上にプラグトレイを並べ、その上にかかる小さいビニールトンネルをつくり、さらにその上に両開きになる大きなビニールトンネルをつくって、三重のビニールで地温を三〇℃に保てるようにしています。日差しが強く地温が上がりすぎても、ござなどをかけて遮光をしています。

家庭菜園では大がかりな育苗施設をつくるのは難しいでしょうが、いまはホームセンターなどで手頃な大きさの育苗キットが販売されていますので、そういったものを利用してみるのもよいでしょう。

● **プラグトレイ**　トマト、ナス、ピーマンには、

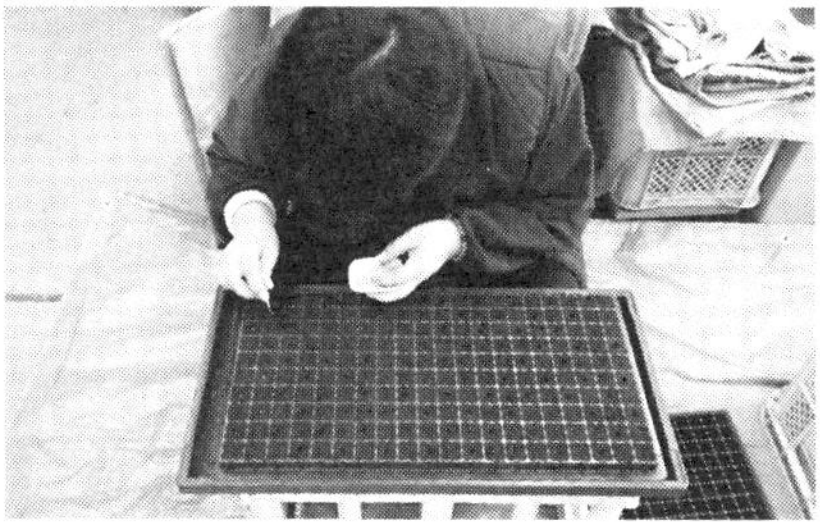

一粒ずつ種をまく

種をまいたプラグトレイ

育苗用の土をふるいにかける

二〇〇穴のプラグトレイを使っています。

• 育苗用の土と土の入れ方　私の場合は育苗する数が多いので、育苗には畑の土は使わず、畑の作物残《ざん》渣《さ》や抜いた雑草を集めて雨ざらしにして四～五年たったものを使っています。

窒素分もほどよく抜け、完全に分解しきっているのでミミズなどもおらず、サラサラの状態です。家庭菜園の場合は、畑の土でよいでしょう。

プラグトレイに土を入れるときに気をつけてもらいたいのは、土をなるべく均等に入れることです。そうすることで、後の水管理も均等におこなえます。

私の場合、ふるいをかけて入れた土を、一つひとつ指で軽く押し、その上からさらにふるいをかけて土を入れ、また指で押すことを繰り返しています。これは鉢上げ用のポットでも同じです。

• 種まき　私の場合、プラグトレイの穴のすべてに種はまきません。葉が出てきたときに混み合わないよう市松模様になるように、二〇〇穴のうち一〇〇カ所に一粒ずつまき、種にちょうどかぶさる程度に土をかけています。種をまいた後は、新聞紙をか

ハウス外での育苗作業

子葉に水を与える

キュウリの発芽

ぶせて保温・保湿します。

・発芽まで　地温が三〇℃に保たれるように管理します。直射日光が当たって地温が上がりすぎるようなときでも、ポットの土が乾かないように、極力ビニールトンネルを開けての換気はせずに遮光します。水やりをすると地温が下がってしまうため、よほど土が乾いていない限り、水を与えません。

家庭菜園で育苗キットなどを使う場合も、よほど乾燥していない限り水やりはせず、プラグポットの上に新聞紙などをかけて土を乾燥させないようにするとよいでしょう。

・発芽後の管理　種をまいてから五日後くらいで発芽します。一つ、二つと発芽し始めたら、地温を二五℃くらいまで徐々に下げるために、かけていたビニールと新聞紙を外します。

このときに大切なのは、徒長（過密や弱光、多湿、多肥などで植物が弱々しく細長く生長すること）させないことです。発芽してからは、育苗施設内があまり蒸れすぎていると徒長するので、ビニールハウス内の換気をして調節します。しかし、それをやりすぎて地温が下がりすぎると、元も子もありません。ここは慎重な地温と湿度管理が必要になります。

もう一つ徒長防止に効くのが、発芽して子葉《しよう》（種をまき、最初に出てくる葉）が広がった時点で、葉を指先で軽くつついてやることです。私の場合は、たくさんの芽が一度に出ますので、乾燥したぞうきんで軽く全体をなでるようにしています。

ピーマンの植えつけ

水やりは、午前一〇時くらいに底までしみる程度におこないます。夕方になったら土の表面が白く乾いているくらいが理想です。午後や夕方に水をやると、夜も土に水分が残り、地温が下がりすぎてしまいます。

・鉢上げ　プラグトレイにまいた種が発芽した頃に、鉢上げ（播種箱などにまいて育てた幼苗を鉢に植え替えること）用のポットに土を入れてビニールハウス内の苗床に置いておき、地温を十分に上げておきます。できれば土が乾かないようにビニールもかけておくとよいでしょう。準備の段階で雑草が生えてきたら、抜いておきましょう。

本葉《ほんよう》（その植物本来の形をもっている葉で、子葉の後に出てくる）が一枚出てきた頃に、鉢上げをします。ポットの土にプラグトレイと同じ程度の穴を開けておき、そこに植えつけます。苗をプラグトレイから抜くときは、根が傷つかないように、プラグトレイを逆さにして、底から押し出すように抜きます。

活着を促すために、鉢上げをした日は土を冷やさないように水やりはおこないません。そのためにも、鉢上げ用のポットにビニールをかけておき、十分な水分が保たれているようにしておきましょう。

・鉢上げ後の管理　日当たりの良いところに置いておき、水やりはプラグトレイのときと同様に午前中におこないます。

・植えつけ　無肥料自然栽培では作物にもよりますが、本葉が二～四枚の若苗で植えつけをします。畝は最低でも植えつけの二週間前に立て、透明マルチを張って十分に地温を上げ、湿度を保っておきます。植えつけ前日の午後三時頃、ポットの苗に土がビショビショになるくらいに水をやります。そうしておくと、植えつけのときには土が崩れない程度にほどよく乾いていて、作業が楽です。植えつけ後は、よほど畝が乾かないかぎり水はやりません。

無肥料自然栽培の楽しみ

最初に何を選ぶかが悩みどころ

これから無肥料自然栽培を始めようという人も、そこで育てた作物の種を採る、そして連作をすることさえ守ってくれれば、ある程度は収穫できるようになるはずです。

しかし、種採り、連作をおこなうということは、言ってみればそれらと一生つきあうことになるわけですから、無肥料自然栽培を始めるときには、最初にどの品種を選ぶかが悩みどころになります。「この品種はダメだったから今年はこれ」といった感じでいると、種が畑の変化についていけなくなってしまいます。

私の畑でも、無肥料自然栽培を始めてから三年目に取り入れた品種がありますが、いまだに成功していません。そういった意味でも、新しい品種を始めたいときは、これまで無肥料自然栽培を続けてきた畑とは別の、肥料が残っている畑で栽培するのがよいでしょう。

逆に、もともと残肥などの栄養分が乏しい場所、例えば庭を耕してつくったような畑で無肥料自然栽培を始めるのは難しいかもしれません。一番難しいのは、畑としてさんざん使われていた場所が放置されて、除草のためにトラクターなどでただ耕耘し続けられた、枯渇してしまったような畑です。

主な作付け内容と種採り状況(関野農園)

科名	品目	品種
ナス科	トウガラシ	万願寺唐辛子＊ 鷹の爪とうがらし＊
	ジャガイモ	出島ジャガイモ＊
	トマト	アロイトマト＊ ネオミニトマト
	ピーマン	さきがけピーマン
マメ科	インゲン	いちずいんげん 成平いんげん＊
	エダマメ	早生大豊緑枝豆＊ 茶豆(在来種)＊
	エンドウ	在来種＊
	ササゲ	金時ささげ＊
	ソラマメ	在来種＊
アブラナ科	ダイコン	三浦大根＊ 宮重総太大根＊
	コマツナ	東京丸葉小松菜
	ノラボウナ	在来種＊
	カブ	みやま小かぶ＊
	ハクサイ	松島新二白菜＊

科名	品目	品種
ウリ科	キュウリ	相模半白胡瓜＊ ときわ地這胡瓜＊
	マクワウリ	甘露まくわ瓜＊
アオイ科	オクラ	東京五角オクラ スターオブデビットオクラ
サトイモ科	サトイモ	どだれ里芋＊ 八ツ頭芋＊
ユウガオ科	サツマイモ	紅東 関東83号さつま芋
ユリ科	ネギ	石倉根深一本葱＊ 分けつネギ＊
ヒユ科	ホウレンソウ	日本ほうれん草＊
イネ科	トウモロコシ	ジュピター
キク科	シュンギク	中葉春菊＊
ゴマ科	ゴマ	金ゴマ＊
シソ科	エゴマ	在来種＊
セリ科	ニンジン	黒田五寸人参＊

注：＊印は種採り、種イモづくりの品種(2012年1月現在)

しかし、そういった場所でもつくりやすい品種はあります。例えば根に空中窒素を固定する能力を持つ微生物と共生関係を結ぶマメ科は、どんな土でもよく育ちますし、アブラナ科のコマツナやノラボウナなども育ちやすいのです。果菜類で言えば、万願寺唐辛子がよく育つようです。

種採りでオリジナルの作物づくり

じつは固定種といえども、販売されている種のなかには海外採種のものも少なくありません。その理由の一つは人件費が安いこと、そしてもう一つは病虫害がほとんど発生しない乾燥地域が採種地に選ばれていることです。

そんなところで育った種が、いきなり高温多湿の日本で育てられると、どうしても病害虫にやられてしまいます。しっかりと種を採り、その畑の環境に慣れさせていくことが、本当に大切なこととなるのです。そしてまた、その畑の環境に強いだけではなく、自分好みの味や形のものを選び、自分のオリジナルの作物に仕立てていくことができるのも、種採りの魅力です。

私の住んでいる埼玉県富士見市で同じ真黒茄子《しんくろなす》を自家採種している方がいますが、私の畑のものとは枝の広がり方や実の形がぜんぜん違います。同じ品種でも、その中からどのような形質のものを選んで種を採っていくかで、だんだんと自分のオリジナルができていくのです。本当の意味で「○○さんの家のナス」になっていくわけです。

最初に選んだ品種とずっとつきあい、自分のオリジナルに仕上げていくのは面白味であるとともに、ある意味では制約でもあります。

でも、種をずっと採っていると、その作物が大好きになるので、他に浮気する気はなくなるはずです。その年に育てている作物のお母さんも、おばあちゃんも知っているわけですから、「昨年は大変だったけど、今年はどう?」といった感覚になり、言わば家族同然になっていきます。毎年買ってきた種や苗を育てていては、なかなかそうはなりません。

その作物本来の姿を見られる

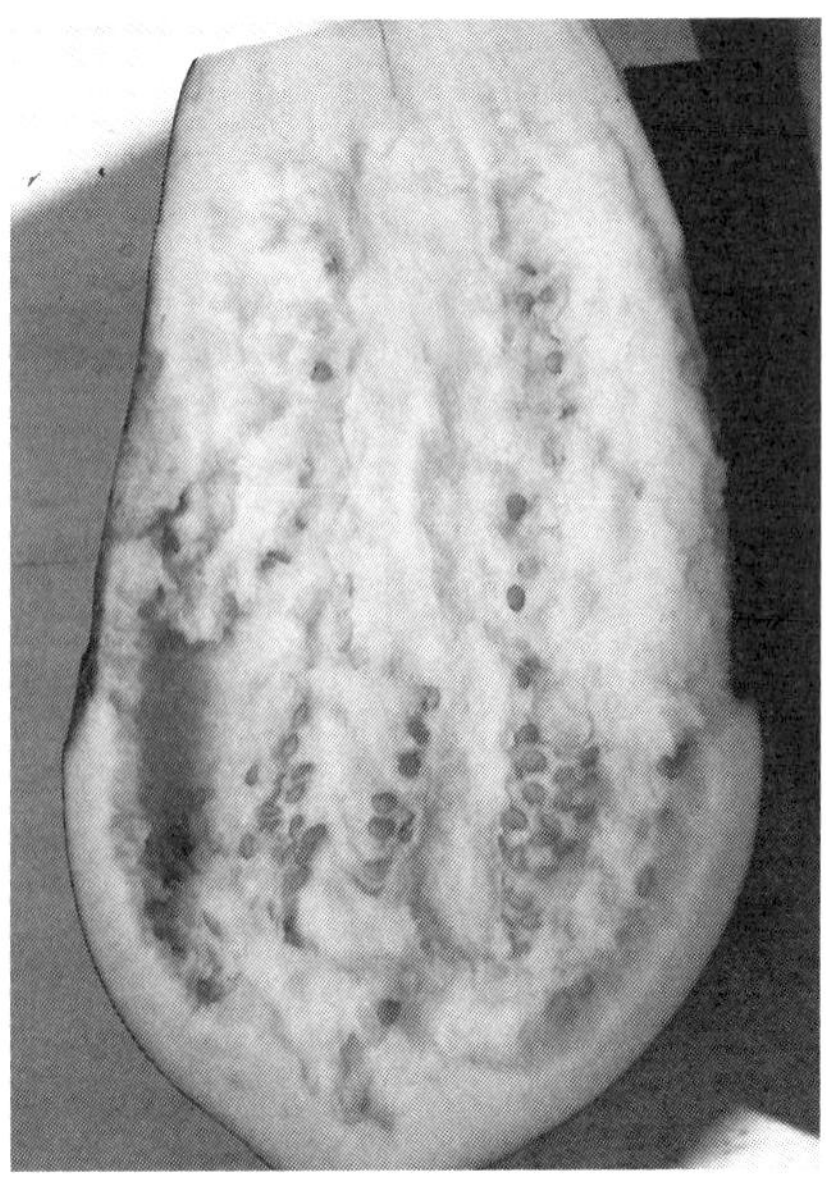
種を採るため、ナスを切断

その作物が好きになるという意味では、種採りまでおこなうことで、その作物の本来の姿が見られることもあるでしょう。
例えばダイコンの場合、慣行栽培ではダイコンを収穫して終わりです。しかし作物本来の姿としてはこの時期はまだ中盤でしかありません。
ダイコンはキュウリやナスとは違って二年生の作物なので、一冬越してからとう立ちして花を咲かせ、実をつけます。ダイコンの花は、ほとんどの人は見たことがないと思いますが、どうしてなかなか可憐な花なのです。

なんといってもおいしいのが最大の魅力

私が無肥料自然栽培を始める前は、無肥料自然栽培の作物は「スッキリとした味」としか紹介されていなかったので、「味が薄いのかな」と思っていたのですが、たまたま見学に行った自然栽培の農園で食べさせてもらったニンジンには衝撃を受けました。

今まで食べてきたおいしいとされるニンジンは、最初は味がしなくて、噛んでいるうちに徐々に甘みが出てくるのですが、そのニンジンは噛んだ瞬間に旨みがドカンときたのです。それも、妙に甘かったりするのではなく、上品な旨みでした。

作物の味の決め手はアミノ酸であり、無肥料自然栽培の作物は、空中の窒素をはじめ、様々な養分を、微生物を介して利用可能な状態にして取り込んでおり、その味は本当の意味で自然の味です。余計な雑味はいっさいありません。

よく自然栽培の作物で味が薄いと言われるのは、おそらくまだ土の生態系、つまり土壌微生物のバランスが整っていない状態で育った作物なのではないかと思います。土壌微生物のバランスが整っていないと、作物は窒素欠乏状態の中で育つことになるので、味があまりありません。

しかし、やがて土壌微生物のバランスが整えば十分に窒素の天然供給がなされるようになり、それも過多ではなく必要十分な量なので必須微量元素の吸収バランスがよく、作物の体内の酵素活性なども上がり、養分の合成・分解・代謝がスムーズになり、病害虫に強くなると同時に旨みも出てくるのだと思

ダイコンの開花

さや入りのダイコンの種

います。

私の畑でも、無肥料自然栽培を始めて二〜三年の土から肥料が抜ける頃は、作物は雑味がないスッキリした味でしたが、確かに味が薄かったかもしれません。しかし、さらに種採りと連作を繰り返すことで、だんだん味が濃くなり、いまでは旨みの固まりとなっています。

とくに夏の果菜類、トマトやキュウリ、ナスは、畑で採ったらすぐ、まだ生あたたかいままで食べてみることをおすすめします。よく言われる甘いとかいう次元ではなく、旨みの絶妙なバランス感を味わうことができるはずです。もちろん冷やしてもおいしいのですが、畑で採れたてを食べるのが最高です。この味は、無肥料自然栽培をしている人だけが堪能できる特権ともいえましょう。

何年も続けられる最高の趣味(!?)に

無肥料自然栽培での作物づくりは、一般的な栽培のように一年で完結するものではありません。何年も続けて種を採り、連作を続けることで、その作物はより良いものになり続けていくのです。ある意味では、何年も続けられる最高の趣味(!?)にもなり得ます。

いっさい肥料や農薬の力を頼りにせず、作物の生命力を頼りに栽培することで、畑で起きる様々な障害の原因がわかりやすくなり、的確な対策を講じることができるようになります。作物は嘘をつきませんから、その対策が正しければ無事に育ちますし、間違っていれば不作となります。それを繰り返していくことで腕前が磨かれて、本当にその土地に合った自分だけの栽培方法と種が手に入り、それが自分の財産となっていくのです。

ぜひともじっくりと年月をかけて、そしてまた畑で起こっていることをしっかりと観察し、感性を研ぎ澄ませながら、無肥料自然栽培にトライしてみてください。その楽しさとおいしさから、きっと離れられなくなることでしょう。

第２章

旨い果菜類の固定種とつくり方のコツ

収穫したトマト（種採り用）

果菜類（ナス科）

トマト

◆品種・アロイトマト

素顔と栽培特性

アロイトマトは固定種としてはかなり新しく、二〇〇一年に発売が開始されたトマトです。固定種大玉トマトの中では最も糖度が高く、おいしいと言われています。水分は少なめで、さわやかな酸味があります。露地栽培に適し、完熟タイプなので、皮は硬めです。

アロイトマトは花が落ちてしまうことが多くて着果率が悪く、栽培が難しいと言われています。そこで、一般的な栽培では一本仕立てで強めに摘芯しますが、無肥料自然栽培だと、それをすると根が思ったように育たずにバテてしまいます。

私の畑では主枝は止めて、側枝二本を育てていきます。そうすることで、草勢《そうせい》（茎葉が生長する勢いのこと）や樹勢《じゅせい》と着果（受粉などによって果実が発育を始めること）のバランスがちょうどよくなります。

育て方のポイント

▼畑の準備　畝は少し高めの二〇cm、幅九五cmに仕立て、透明マルチをかけて地温を上げておきます。ビニールトンネルもしておくとよいでしょう。

▼種まき・育苗　遅霜がなくなるゴールデンウィーク頃に若苗を植えつけられるよう、一般的なトマトよりも遅めの三月中旬に種をまき、育苗します。

▼鉢上げ　本葉が二枚になったら、三寸五分（一〇・五cm）のポットに鉢上げします。

▼植えつけ　本葉が五枚、背丈二〇cmくらいになったら植えつけます。

植えつけ前日の午前中、苗の本葉を上から三枚だけ残して取り、椰子の木状態にして、水をたっぷりあげます。葉を取った傷口は、一日かけて乾かして

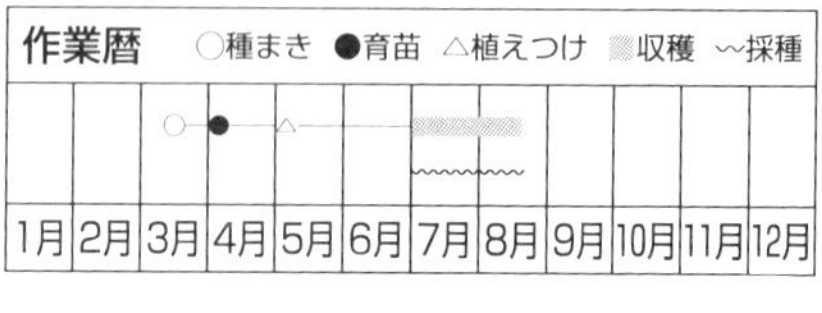

V字型の支柱を立てる

植えつけ前の苗

アロイトマトの完熟果

苗を植えつける

おきます。

六〇cm間隔で、畝の方向に二〇cmくらい縦長に土をすくい、苗を寝かせた状態で一～二cm埋め、頭だけ出ている状態にして植えます。トマトは茎からも根が出るため、苗を寝かせて植えることで根を増やすことができるのです。

私の畑ではマルチを張っているため、マルチにT字型の切れ目を入れ、そこから植えつけています。

▼地温管理　しっかりと活着させるためにも、なるべく地温を高めに保つ工夫をします。植えつけから支柱を立てるまでの間、換気口がついたビニールトンネルで地温を管理しています。

植えつけた日は閉じっぱなしで、二日目から午前一〇時頃に換気口を開け、日が傾いて気温が下がる前に閉じています。地温を高く保つことで活着良く、元気に育ってくれます。ビニールトンネルが無理でも、できれば寒冷紗《かんれいしゃ》（遮光や防寒、防虫などのために使用する資材）はかけたほうがよいでしょう。寒冷紗の場合は、換気の必要はありません。

▼直まき　直まきをするならば、畑の地温が十分

支柱への誘引と摘芯

摘芯

誘引後の腋芽は、手でかき取る。ウイルスを伝染するおそれがあるので、はさみを使わない

誘引

最初の側枝と二番目の側枝をそれぞれ支柱へ誘引する

に上がり、霜が降りなくなった五月に入ってからがよいでしょう。六〇cm間隔で一カ所に三〜五粒をまき、最終的に一株になるように間引きます。

▼**支柱立て**　トマトは、ある程度生長すると自ら倒れるので、ビニールトンネルや寒冷紗に頭をぶつけるか、畝から飛び出るくらいに生長したら、支柱を立てます。

一般的にトマトは一本の支柱で真っ直ぐに育てますが、私の畑では長さ二m四〇cm、太さ二cmくらいのしっかりした支柱を、畝に対して四五度の角度で二本、V字型になるように立てます。二本の側枝を大きく育てる形なので収穫量も上がり、また、あまり背が高くなりすぎないので、管理も楽です。

地面から茎が出ているところには根がないので、茎のそばに支柱を立てても問題ありません。五〇cmくらいの深さに挿しておけば、トマトの重さで倒れることもないでしょう。

▼**誘引・剪定**　トマトは三節伸びて花芽《かが》（発達して将来は花となる芽。はなめとも読む）、また三節伸びて花芽の繰り返しで、花芽の下から元気な腋芽《えきが》

（側芽《そくが》）が出ます。トマトの樹勢が弱っているときは、摘芯を先延ばしすると樹勢が戻ってきます。最初の花芽の下の側枝と二番目の花芽の下をV字にした支柱のそれぞれに誘引（枝や茎を支柱などに縛りつけ、作物の生長の方向や形状を調節すること）し、主枝は摘芯。それ以降は、側枝はすべて摘芯してしまいます。

▼収穫　完熟トマトですから、真っ赤に熟したら食べ頃ですが、いくらかピンクに色づいた頃でも十分甘みがあります。トマトならではの青臭さが好きな人は、少しおしりが青いくらいのほうが良いかもしれません。

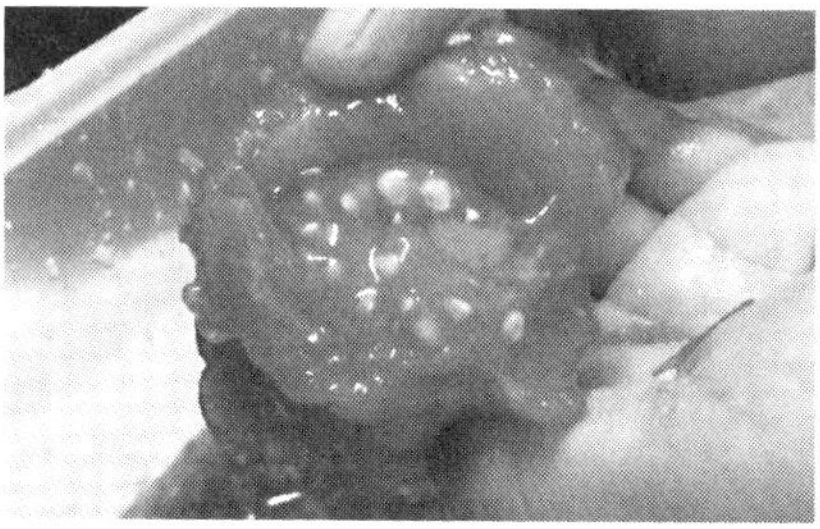

トマトの種をしぼり出す

種を金ざるの底に広げる

種採りのポイント

▼母本選び　病虫害がなく生育が良いもので、着果率が高く、実の形の好みの株を母本に選びます。私の畑では五個ずつなるものを母本に選び、母本に選んだ株からは実は採りませんが、家庭菜園ならば五個くらいの実を残しておけばよいでしょう。

▼種採りのタイミング　実が真っ赤に熟れたら収穫し、納屋の中で少し柔らかくなるまで追熟させます。実を食べてみて、おいしかったものを選びます。

▼種採りの方法　種をゼリーごと取り出し、ビニール袋かタッパーに入れて三日間発酵させます。発酵させるとゼリー質がきれいに取れ、また種に由来する病原菌も殺菌してくれます。

発酵させたらよく水洗いし、水に沈んだものだけを取り出して、天日でかき混ぜながら半日、日陰で一週間くらい乾かします。乾いたら紙袋、布袋、さらに乾燥剤入りのタッパー（ポリエチレン製の密閉容器）やガラス瓶などに入れて保存します。（関野）

コラム 野菜の種明かし

完熟トマトへの壮大な道のり

トマトは、ミュータント（突然変異）です。

南米原産のトマトの原種は、すべて小さなミニトマトでした。現在の大玉トマトは、遺伝子を調べると、スペインがアステカ王国を征服して新大陸の産物をヨーロッパに運んだ一六世紀に、トマトの種を包むゼリー状の部屋数が増え、千倍にも大きくなる突然変異が起きて生まれたのだそうです。

原種のミニトマトは、中南米時代から食用でしたが、渡来したヨーロッパでは、一八世紀まで観賞用植物として栽培されていました。観賞用だったからこそ、大きな実をつける突然変異の一株が大切に増やされて、地域ごとに分化し、今日のような世界で最も生産量の多い野菜になったのかもしれません。

ヨーロッパでトマトを最初に食べたのはイタリア人で、やがて地中海沿岸に広まり、パリで食べられるようになったのは、フランス革命の時、南仏マルセーユの義勇兵が、「どうしてパリにはトマトがないんだ。トマトを食わせろ」と叫んだからだそうです。こうして断頭台の血の色のトマトが、フランス料理に加わるようになりました。

一九世紀、全世界に広まった新野菜のトマトは、煮込み料理のソースやケチャップなどの調味料として、欧米人の間に定着します。明治になって日本にもトマトが入りましたが、そのほとんどが調理用の真っ赤なトマトで、醤油という万能調味料を持つ日本人は、その味に長い間なじめませんでした。

二〇一一年、九四歳で亡くなった父が、初めてトマトを食べたのが、一〇歳の頃と言いますから、たぶん関東大震災の後でしょう。「なんとも変な味だったから砂糖をつけて食べた」のだそうです。

それから十数年後の一九三五年。うちの仕入帳には、「ポンデローザ」や「マグローブ」という輸入トマトの種を五合（約一リットル）ずつ、「ゴールデンポンデローザ」を一合（約二デシリットル）仕入れた記録が残っていますから、トマトは大正末から昭和初期に、少しずつ日本人の間に定着していったのでしょう。

「ポンデローザ」はこの後もずっと仕入れが続いていますが、「マグローブ」は翌年には「チョークスアーリー」という品種に変わり、一九四〇年には「ウエンゾール」と「早生世界一」に変わっています。お客様が満足する品種を探して四苦八苦している祖父（初代店主）の姿が見えるようです。「ポンデローザ」と「世界一」が、日本人の好みに合ったため、以後日本は、世界でも珍しい桃色トマトばかりの国になります。

そして日本の桃色トマトの味をまったく変えてしまったのが、F_1品種の「桃太郎」でした。「桃太郎」以前の生食用トマトは、ほのかに色付いて果実全体がまだ緑色のうちに収穫し、箱に詰めて市場に出荷していました。果実が柔らかいため、熟すと輸送の途中で傷んでしまうからです。「桃太郎」は、均一に赤く色付いてから出荷しても傷まないよう、果実を硬く改良した完熟出荷用のトマトでした。

F_1とは前にも述べていますが、父親（花粉親）と母親（実の中に種を付ける種子親）が異系統で、毎年同じ両親をかけ合わせた新しい種を買わないと同じ品種が栽培できない一代雑種のことです。

初代「桃太郎」の場合は、父親として、アメリカの甘いミニトマトに耐病性が強い「強力米寿」を三回かけたものを使い（一回かけただけでは古い遺伝子のミニトマトが優性で出てしまうため、その子や孫に何度も父親の「強力米寿」をかけ続けることで劣性遺伝子の蓄積を増やし、甘くて丈夫な大玉の桃色トマトに固定したのでしょう。ちなみに、この育種方法を「戻し交配」といいます）、母親には、アメリカ生れの「フロリダMH-1」という硬いトマトに、味の良いハウストマトである「愛知ファースト」をかけ合わせたものを使ったそうです。

色鮮やかで長距離輸送に耐え、店頭の日保ちも良く、しかもミニトマト譲りの甘さと、ファーストトマトの美味しさを兼ね備えた初代「桃太郎」は、またたくまに日本の市場に受け入れられました。ただ、原種に近いミニトマトが持っていた欠点でしょうか、「肥料が効きすぎると腋芽がどんどん伸びて暴れ、狭いハウスでは栽培しにくい」という声が、生産農家から聞かれるようになりました。

そこでつくられたのが『ハウス桃太郎』でした。さらに「ハウスで連作していると病気が出る。病気に強い系統が欲しい」という要望に応えて、青枯病に強い「桃太郎T53」や萎ちょう病に強い「桃太郎エイト」がつくられたのです。父親と母親を取り替えたり、新たに見つかった耐病性品種を取り入れたりすることで、組み合わせは無限に可能です。

こうして桃太郎ファミリーは、日本の出荷用トマトの八割以上を占めるようになり、後を追う種苗会社も、競ってハウス用F_1に参入したため、とうとう日本の家庭菜園でも雨よけをしないと栽培できないトマトばかりになってしまいました。

アロイトマトの収穫果

日本中のトマトが桃太郎ファミリーとその追随者で占拠された反動として、「味がない」「昔のトマトらしいトマトが欲しい」という声が出てきたのが最近の傾向で、ハウス用では、より多くの耐病性をつけた「強力米寿二号」や、露地用では固定種の「ポンデローザ」や「世界一」が、再び脚光を浴びています。

今、うちで最も人気のあるトマトの種は、美味しかった初代「桃太郎」から岐阜県の奥田春男さんが雨よけ栽培で自家採種し、五年以上かけて「桃太郎」以上に甘いトマトに固定した「アロイトマト」なのです。

二〇〇一年に販売開始した「アロイトマト」は、長崎県雲仙市の岩崎政利さんに渡って、三年がかりで日本有機農業研究会の岩崎アロイになったり、無肥料自然栽培の関野幸生さんに渡って関野アロイになったりして、それぞれの土地に合った露地用の貴重な完熟トマトとして、年々美味しく、逞しく成長を続けています。

（野口）

果菜類（ナス科）
ナス
◆品種・真黒茄子

素顔と栽培特性

真黒茄子《しんくろなす》は埼玉県草加地方で発達した中長形《ちゅうながかた》のナスで、市場でよく見かけるF1種のナスの片親となっています。形は一般的なので消費者の違和感もなく、私の畑の主力の作物となっています。

皮が薄く輸送には不向きですが、家庭菜園にはもってこいのおいしいナスです。実がしっかりと詰まっており、生でかじるとリンゴのような甘みと絶妙な旨みがあります。土が良ければ、オリーブオイルのような芳醇な香りも出てきます。

また、なぜだかはわかりませんが、肥料が抜けた環境で育ったナスは、切り口が黒くなりません。白いまま乾いていきます。

育て方のポイント

▼畑の準備　アロイトマトと同じく畝は少し高め、できれば二〇cmくらい、幅九五cmに仕立て、透明マルチをかけて地温を上げておきます。可能であれば、ビニールトンネルもしておいたほうがよいでしょう。

▼種まき・育苗　遅霜がなくなるゴールデンウィーク頃に若苗を植えつけ

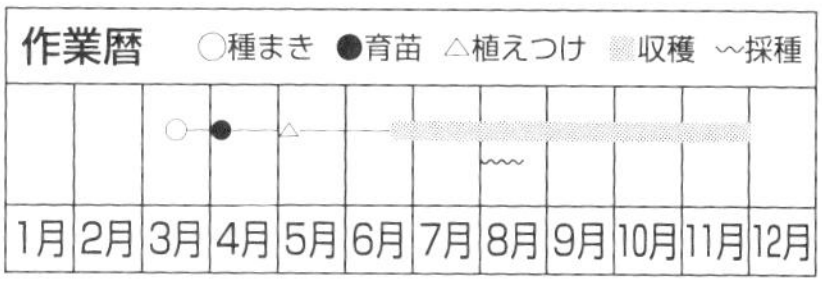

収穫期の真黒茄子

られるよう、三月中旬に種をまき育苗します（第1章参照）。

▼**鉢上げ**　本葉が一枚になったら、四寸（一二cm）のポットに鉢上げします。

▼**植えつけ**　本葉が三～四枚くらいになったら植えつけます。

八〇cm間隔でマルチに直径一〇cmの穴を開けて土を抜き取り、ポットから土を崩さないように苗を抜いて、ポットの土の上三分の一が出るくらいにそっと入れ、浅植えにします。これは酸素が多く、地温の高いところにこれから伸びようとする根が来るようにするためです。三寸のポットで育てた苗ならばポットの土が少し出るくらい、プラグ苗ならば土がちょうど埋まるくらいに植えるとよいでしょう。

植えつけた後は、仮支柱（割り箸でもなんでも構いません）を立て、風に振られないようにしておきます。植えつけ後には水はやりません。

▼**地温管理**　しっかりと活着させるためにも、なるべく地温を高めに保つ工夫をしたほうがよいでしょう。

▼**直まき**　直まきをするならば、畑の地温が十分に上がり、霜が降りなくなった五月に入ってからがよいでしょう。六〇cm間隔で一カ所に三粒まき、最終的に一株になるように間引きます。

▼**支柱立て**　ビニールトンネルや寒冷紗に頭をぶつける五月下旬頃、ビニールトンネルをはずし、本支柱を立てます。

長さ一m、太さ一・六cmくらいの支柱を、根を避けることを意識して斜めぎみに挿し、接点を誘引します。

ナスに支柱を立てる

ナスのつくり方ポイント

摘芯

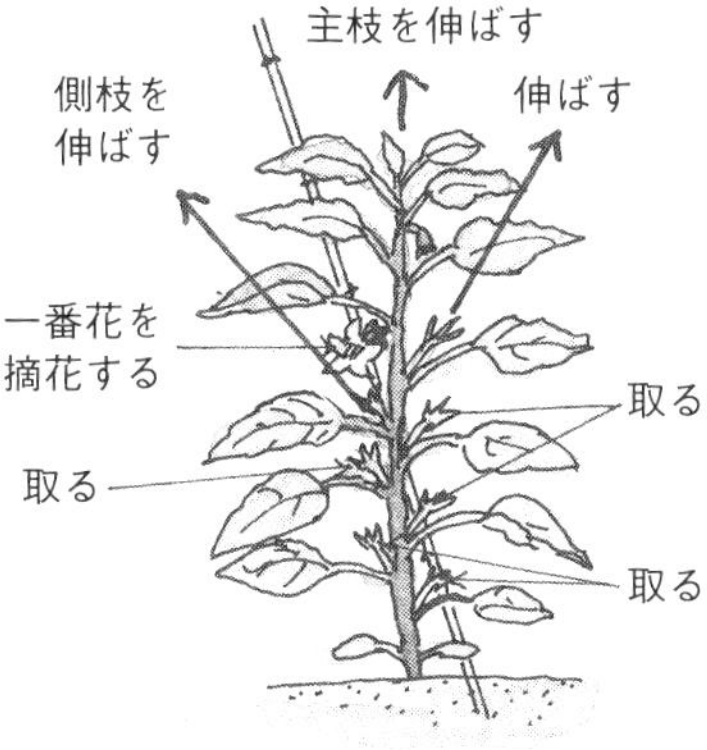

育苗・鉢上げ

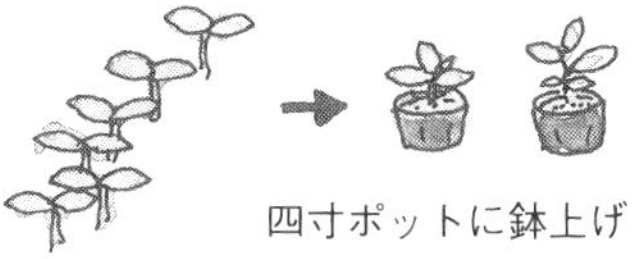

植えつけ

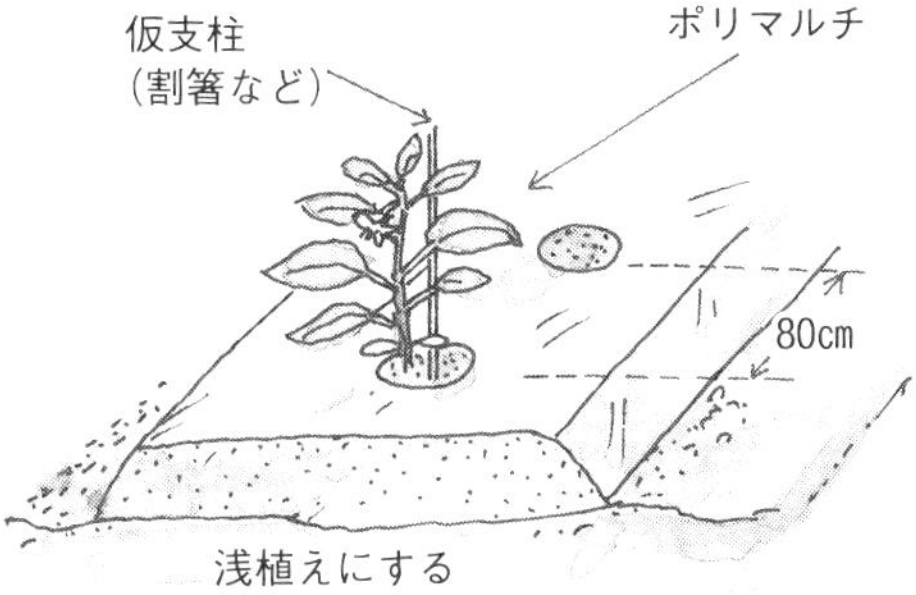

三本整枝の仕上がり

支柱立て・誘引

▼誘引・剪定　一番花は摘花し、一番花から二つ下の側枝までを残して、数回に分けて手で摘める大きさのうちに摘芯して三叉にします。本支柱を立てる頃に、それとわかる元気な枝を三本残す感じです。肥料が効いている畑では、一つの枝から一つずつ実を採り、そのつど剪定していくのですが、無肥料自然栽培では、その必要はありません。三叉にした以降はいっさい摘芯しません。

また、私の畑では、ナスが生長してきたら畝の両脇に四株ごとにV字に支柱を立て、そこに畝と平行になるように横棒を取りつけて、枝を一本ずつヒモで吊るし上げています。こうすることで、葉に均等に日光が当たるようになります。

▼収穫　長さが一五cmくらいになったら収穫します。あまり大きくすると、実がフカフカしておいしくありません。

ナスの種を採る

●●●種採りのポイント

▼母本選び　病虫害がなく生育が良いもので、着果率が良く、実の形の好みの株を母本に選びます。

▼種採りのタイミング　種採り用には、二番果か三番果を残します。実がなってから二カ月くらいして、皮の色が茶色くなり、さわったら実が落ちるようになれば完熟です。

▼種採りの方法　中の種を切らないように縦に切れ目を入れ、水を入れたバケツの中でもみながら種を取りだします。沈んだ種を取りだして、天日でかき混ぜながら半日、日陰で一週間くらい乾かします。乾いたらタッパーに入れて保存します。

（関野）

コラム　野菜の種明かし

しぶとく生きるナス地方品種

家庭菜園でおなじみのナスは、インド原産の熱帯野菜です。日本には中国や韓国を通じて、有史以前に伝来しました。

古代木簡研究家の久保功氏によると、長屋王家から出土した七一一～七一七年の木簡に、韓奈須比（からなすび）の粕漬を邸内で加工していた記録が残っているそうですから、奈良時代の初期から、ナスの漬物が日本で食べられていたわけです。

煮る、蒸す、焼く、揚げる、炒める、漬ける、それに生食まで、これほど多様な調理法でナスを食べる民族は日本人だけでしょう（海外ではアクの強いナスが多いためか、ほとんどが揚げるか炒める調理法だそうです）。

現在、私の店で扱っているナスの固定種だけでも、東北には漬物用が多く、小ナスの「民田《みんでん》」や「仙台《せんだい》長《なが》」、関東では長卵型標準タイプの「真黒」とか奈良漬用の「埼玉青大丸」、新潟では蒸しナス用の「長岡巾着」や浅漬用の「えんぴつ」、「梨（黒十全《くろじゅうぜん》）ナス」、北陸の標準型「立石中長《たていし》」に「十全一口水」、京都の煮物用「加茂大丸《かもだいまる》」、大阪の漬物用「泉州絹皮水《せんしゅうきぬかわみず》」、九州は煮物用「久留米長《くるめなが》」や「長崎長」などの大長ナスが主流ですが、淡緑色の「薩摩白長《さつましろなが》」や「白丸《しろまる》」もあり、全国各地色も形も実に様々です。

ナスは、自分の雄しべの花粉で同じ雌しべが受粉する、自殖性の植物ですから、自然では異品種とほとんど交雑しません。地域の気候風土の差や食文化の違いが、長い間かかってこんな多様性を生み出したのです。

ナスは一般に多肥を好むと言われていますが、こうした固定種を自家採種しながら育てると、無肥料でもたくましく育ちます。初期生育は遅いですが、深く根を張ると、切り戻しなどしなくても秋遅くまで成り続け、連作障害も起こしません。連作障害と言うのは、たぶん肥料障害なのでしょう。試みに無肥料栽培で育った「真黒茄子」を二つ割りして放置しておいたところ、いつまで経っても果肉は白いままで腐らず、水分だけが抜けて朽ちていく中で、種だけが追熟して褐色に変化していきました。「野菜は、自分の子孫を作るために生きているんだなあ」と深く感じ入りました。

交配種の時代になって、自家採種する人がいなくなり、ナス苗はすべて種苗会社が販売しているF_1を購入して植える時代になったわけですが、世界最初のF_1野菜こそ、日本のナスでした。

一九二四年、埼玉県農事試験場の柿崎技師によって、埼玉の「真黒茄子」と「巾着茄子」をかけ合わせた一代雑種（F_1）「埼交茄子《さいこうなす》」が誕生したのです。「巾着茄子」というのは、新潟の「長岡巾着」のような普通の黒紫色のナスでなく、埼玉で一般に「巾着茄子」と呼ばれていた緑色の「埼玉青大丸茄子」のことでしょう。

生き物は、血が遠く離れているほど雑種強勢という力が働き、成長が早く、大きく、たくさんの実を付けます。明治以後に東南アジアから渡来したと思われる埼玉の「巾着茄子」は、東京市場向けの日本ナスである「真黒茄子」とは系統がかけ離れているため、雑種強勢が大きく働いて樹勢も収量も増大し、全国の農業技師たちを刺激しました。そして日本中の農業技師の手によって、以後トマト、スイカ、キュウリなど果菜類のF_1が次々に生み出されました。

技術者の話では、F_1の母親には形状の異なる品種を使い、父親に伝統品種を用いるのが多いそうです。異品種の母親から生まれた子が、父親譲りの伝統的な姿をしていれば、交配が成功したことがすぐわかるからです。つまり、最初のF_1「埼交茄子」は、母親が「埼玉青大丸茄子」で、父親が「真黒茄子」だったのでしょう。

しかし、私たち日本人が食べる野菜がすべてF_1に変わっていくのは、戦後のことです。農事試験場で生まれたF_1は、営業活動と直結していませんから、それほど広まりませんでした。一九三五年の祖父の仕入帳を見ても、販売していたナスの種は、「真黒」、「巾着」以外は、九州の長ナスである「佐土原《さどはら》茄子」ぐらいで、戦前の全国各地のナスは、各地の調理法に合った固定種だったのです。

今、全国で最も作られているナスは、F_1の「千両二号」です。各地の固定種ナスを交雑して育種した

真黒茄子の収穫果

異なる両親を育て、毎年母親株の雄しべを蕾のうちに取り除いて、父親株の花粉を付けて採種しています。大消費地の東京市場向けに一九六五年に完成したという古い品種で、「こんな長持ちするF_1を作りやがってと、モデルチェンジしたい経営陣に開発者がうらまれているそうだ」という噂話さえ流れています。

当時は国内採種でしたが、現在はインドで採種されています。ナスの原産国ですから、採種環境として適しているのでしょう。

種屋の間で話題の一番新しいナスは、「あのみのり」と言う単為結果ナスです。単為結果というのは、雄しべの花粉が雌しべに着かなくても実ができてしまう性質で、キュウリにはよくありますが、最近はトマトでも生まれています。

元来ナスは、受精して種ができると、種からオーキシンという成長ホルモンが出て実を太らせます。低温期には花粉の活力が低下して受精できないため、石ナスという硬くて小さい実になってしまいます。夏野菜のナスを冬や春に出荷するには、ハウスの中でジベレリンというホルモン剤を使ってむりやり着果させなくてはなりません。これが農家には大変な手間なのです。そこで種ができなくても実が太る「あのみのり」が生まれました。

単為結果性は、ヨーロッパの「タリナ」というヘタが緑色で毛が多いナスから取り込んだそうです。夏などは正常に花粉ができてしまうため、現在は種なし率が一〇〇%ではないので、母親を花粉が出ない雄性不稔にし、一年中種なしナスになるようその後も改良中だそうです。

子孫を作れない哀れなナスよ。お前もか。(野口)

果菜類（ナス科）

ピーマン

◆品種・さきがけピーマン

素顔と栽培特性

さきがけピーマンは、アメリカで一八二八年に固定された早生の大型ピーマン「カリフォルニアワンダー」をウイルスに強く改良したものです。

濃緑色で果肉が厚く、どんな料理にも向きます。緑色のうちに収穫したらやはり炒め物や天ぷらが最高ですが、赤くなってから収穫したものは甘みが増し、サラダに最適です。

育て方のポイント

▼畑の準備　アロイトマトと同じく畝は少し高め、できれば二〇㎝くらいに仕立て、透明マルチをかけて地温を上げておきます。可能であれば、ビニールトンネルもしておいたほうがよいでしょう。

▼種まき・育苗　遅霜がなくなるゴールデンウィーク頃に若苗を植えつけられるよう、三月中旬に種をまき、育苗します。

▼鉢上げ　本葉が一枚になったら、四寸（一二㎝）のポットに鉢上げします。

▼植えつけ　本葉が五枚くらいになったら植えつけます。真黒茄子より少し狭く、株間六〇㎝間隔で植えつけます。

植えつけた後は、仮支柱（割り箸でもなんでも構いません）を立て、風に振られないようにしておきます。植えつけ後は水はやりません。

▼地温管理　しっかりと活着させるためにも、なるべく地温を高めに保つ工夫をしたほうがよいでしょう。

▼直まき　直まきをするならば、畑の地温が十分に上がり、霜が降りなくなった五月に入ってからがよいでしょう。六〇㎝間隔で一カ所に三粒まき、最終的に一株になるように間引きます。

収穫間近のピーマン

支柱を立てたピーマン畑

果肉が厚いさきがけピーマン

ピーマンの開花

▼支柱立て　ビニールトンネルや寒冷紗に頭をぶつける五月下旬頃、本支柱を立てます。

長さ一m、太さ一・六cmくらいの支柱を、根を避けることを意識して斜めぎみに挿し、接点を誘引します。ピーマンの場合は実が軽いので支柱は一本でも大丈夫ですが、枝が広がりすぎる場合は、支柱をクロスさせるようにもう二〜三本立ててもよいでしょう。

▼誘引・剪定　最初二又になったところに咲く一番花は摘花します。また、その二又の下から伸びる側枝はすべて摘芯しますが、なるべく一気におこなわず、六月上旬くらいまでにゆっくりと摘芯を終える感じにしてください。

無肥料自然栽培の場合、二又の下の側枝を摘芯する以外は摘芯の必要はありませんが、まだ肥料が残っている畑だと枝が混み合う場合もあるので、そのようなときはすべての葉に日が当たる程度に剪定してください。

枝は最初に二又、最終的に四又になりますが、それがしっかりするまでは摘花をします。気温が上がっていない段階での初期の実は味ものりません。

▼**収穫**　七月上旬から収穫できるようになり、うまくすれば霜が降りるくらいまで採れます。適当な大きさになったら収穫してください。採り遅れて赤くなったものも、おいしく食べられます。

八月上旬に、なり疲れが出て形の悪い実ができますが、その時期はどんどん摘果すれば、お盆過ぎくらいにはまた、きれいな実がなりだします。

種採りのポイント

▼**母本選び**　支柱を立てる頃に、実の形が良くて勢いの良いものを選んで母本に選びます。母本一株につき一つずつ種採り用の実を選び、その株からはそれ以外の実を大きく育てないように早めに採ってしまいます。

ピーマンの仲間は交雑しやすいのでトウガラシ、パプリカなどは、なるべく近くに植えないようにします。とくに鷹《たか》の爪《つめ》とうがらしのように辛みがある品種に交雑してしまうと、辛くて食べられなくなります。

▼**種採りのタイミング**　七月下旬～八月、真っ赤になって実が柔らかくなってきたら取り込みます。鷹の爪とうがらしと交雑している可能性があるので、念のためひとかじりして、辛みがないことを確認しておくとよいでしょう。

▼**種採りの方法**　実を割って種を取りだします。天日でかき混ぜながら半日、日陰で一週間くらい乾かします。乾いたら袋や乾燥剤入りの容器に入れて保存します。

（関野）

収穫期のピーマン

さきがけピーマンの種

果菜類（ナス科）
トウガラシ
◆品種・万願寺唐辛子

素顔と栽培特性

万願寺《まんがんじ》唐辛子《とうがらし》は大正時代に、江戸初期から栽培されている京野菜「伏見甘長《あまなが》唐辛子」と、明治になって日本に入ってきたピーマンがかけ合わされてできた品種です。伏見甘長唐辛子よりはやや長めで一五～二〇cmになり、ピーマン並みに肉厚になります。

無肥料自然栽培に向いていてよく育つので、これから始める方にはおすすめの品種です。

ピーマンともシシトウとも違う独特の旨みがあり、生でも加熱してもおいしく食べられます。赤くなったものも、甘酸っぱくておいしく食べられます。

育て方のポイント

さきがけピーマンと同じです。

結実した万願寺唐辛子

トウガラシ畑

種採りのポイント

▼母本選び　支柱を立てる頃に、実の形が良くて勢いの良いものを選んで母本に選び、他のピーマンやトウガラシ、とくに鷹の爪とうがらしの花粉がかからないように、防虫ネットをかけます。

▼種採りのタイミング　さきがけピーマンと同じで、実が完全に真っ赤に

作業暦　○種まき　●育苗　△植えつけ　▒収穫　～採種

1月	2月	3月	4月	5月	6月	7月	8月	9月	10月	11月	12月
		○	●	△		収穫	収穫・～採種	収穫	収穫	収穫	

結実を観察

植えつけ１週間後の状態

収穫した万願寺唐辛子

万願寺唐辛子の種

なってから取り込みます。万願寺唐辛子の場合も鷹の爪とうがらしが交雑している可能性がありますので、種を取りだす前に少しかじって味を確かめています。辛い性質は遺伝的に優勢なので、辛くないものを選んでおけば、その種は辛くないものになります。

▼種採りの方法　さきがけピーマンと同じで、実を割って種を取りだします。よく乾燥させた種を紙袋や布袋、乾燥剤入りの容器に入れて保存します。

（関野）

果菜類（ナス科）

トウガラシ

◆品種・鷹の爪とうがらし

素顔と栽培特性

鷹の爪とうがらしは、よく知られている辛い唐辛子の代表です。畝をなるべく高くして乾燥状態にすると、辛さが増します。

育て方のポイント

さきがけピーマンや満願寺唐辛子と同じですが、株間は四五cmでもよいでしょう。また、乾燥を好むので、梅雨の時期などには畝間のサクを切って、水はけを良くしてあげることも大切です。

種採りのポイント

▼母本選び　株ごとに育ちが明らかに違うので、育ちの良いもの、また、坊虫ネットなどで交雑を避ける場合はできるだけ株の中央部で結実したものを選びます。ピーマンや万願寺唐辛子などとの交雑を避けるようにします。

▼種採りのタイミング　さやが真っ赤になって乾燥したら取り込みます。

▼種採りの方法　さやごと採ってきて、中の種を取りだします。私の場合は、さやのまま乾燥させて保存します。

（関野）

結実し始めた鷹の爪とうがらしの畑

収穫した鷹の爪とうがらし

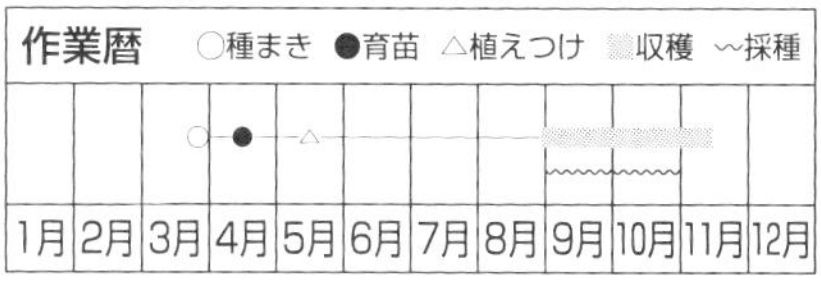

コラム　野菜の種明かし

ピーマンとシシトウ、トウガラシ

名前も、形も、色も、そして味も、みんな違いますが、これらはすべてナス科トウガラシ属の同一植物です。一四九二年、コロンブスがインドと間違えてアメリカに到達した時、インド原産の木の実であるコショウと勘違いしてトウガラシをヨーロッパに持ち帰ったため、コショウと同じペッパーという名で呼ばれるようになりました。

ヨーロッパに広がったトウガラシは、一六〇〇年頃にポルトガル人によって日本に伝わり、「南蛮胡椒」と呼ばれました。現在も九州ではトウガラシをコショウと呼びますし、ナンバンと呼ぶ地方もあります。沖縄では島トウガラシを「高麗胡椒（コーレーグース）」と言い「朝鮮または中国から渡来した」と言われていますが、キムチとトウガラシの国である韓国では、逆に「トウガラシ（コチュ）の語源は日本語のコショウで、日本から渡来した」と広く信じられているのもおもしろい話です。

トウガラシの辛味成分であるカプサイシンは、暑い地域ほど多く発現するそうです。南米からヨーロッパに渡ったトウガラシの中から、一八世紀になって、カプサイシンの発現量の少ない、辛くない品種が生まれました。やがてピーマンやパプリカの誕生につながる甘トウガラシ、スイートペッパーの誕生です。

カプサイシンが少なくなったのは、冷涼な気候に適応して遺伝子が変化したためで、こうした自然な変化は、既存の遺伝子の欠如によって起こります。ヨーロッパに渡った人類の中から、紫外線を吸収するメラニン色素を発現する遺伝子が少なくなって、白人や金髪が生まれたのと同じ現象で、こうした遺伝子の減少で生まれた性質は、遺伝的には潜性（劣性）です。従って、既存の辛いトウガラシと交雑すると、一代目の子は顕性（優性）の辛いトウガラシになってしまいます。

江戸時代に日本に渡来したトウガラシも、当初は辛い品種ばかりでした。「鷹ノ爪」は、辛味が最も強く、横に広がった枝に小さな果実が上向きに次々になります。「八房《やつぶさ》」は、立性で節間が狭く、葉の上に顔を出して一斉に実るので収穫が楽なため、七味唐辛子などの加工用に大量栽培されました。「伏見」は、下を向いてなる長い実に特徴がありました。「日光」は、伏見のように長い実で、ウリをくりぬいた中に詰める鉄砲漬の材料として長い歴史があります。

やがて京都の「伏見」系の辛いトウガラシの中から、現在京野菜の代表格として著名な「伏見甘長唐辛子」が生まれ、シシトウの元祖と目される「田中」なども誕生しますが、これらの甘トウがいつ、どのようにして生まれたのか、はっきりしたことはわかりません。

一九一一年発行の『農業世界増刊・蔬菜《そさい》改良案内』では、辛いトウガラシの記述の末尾に「京都付近にては主に蔬菜として用う。但し蔬菜用のものは辛味の少なき品種なり」とあり、また元京都府立農業試験場長・林義雄が一九七五年に著した『京の野菜記』では「田中とうがらしはししとうがらしとももいって、唐獅子の口のような格好をしたとうがらしである。明治以前から田中村で作っていたが、辛すぎるものもあって大衆に受けず、おもに料理屋むけに作っていた。（中略）昭和初期から和歌山県に導入され、現在では全国的に産地が広がっている」と記述しています。「伏見甘」は京都にとどまって伝統野菜として成功し、シシトウは全国に広まって大衆化に成功したというわけです。現在全国一のシシトウ産地は高知県南国《なんこく》市だそうです。

引用のように、固定種時代のシシトウや甘トウの中には、ときおり辛いものが出て、種屋へのクレームの原因になりました。本来ナス科ですから、自家受粉性植物のはずですが、訪花昆虫の種類が多いためか、トウガラシの他家受粉率は、五～二〇％と言われるくらい高く、トマトやナスよりも交雑しやすいようです。また、交雑していない甘トウガラシにも、少量のカプサイシンがあるので、高温乾燥や低温で成長が遅れると、果実に含まれる辛味成分の蓄積が多くなり、辛味を感じてしまうことがあるようです。ピーマンでも、辛味が出たために産地が存亡の危機に陥ったことがあるそうです。猛暑の二〇一〇年は、ピーマンが辛くなったという声がお客様から届きました。暑さでカプサイシンを発現する遺伝子が復活したのかもしれません。
ピーマンの品種改良が最も進んだのはアメリカで、一八二八年にできた「カリフォルニアワンダー」は、肉厚の大果で、今でも固定種の「さきがけ」などにその血が受け継がれています。

肉詰め料理などに使われていた肉厚ピーマンの果肉が、薄くて細身になったのは、F_1時代になってからで、中国にあった獅子型ピーマンと交配したことによる変化と言われています。最近までF_1ピーマンの作り方は、母親品種の雄しべを蕾のうちに引き抜いて、残された雌しべに異品種の花粉を付ける「除雄」という技術で作られていましたが、一九八六年頃に高知で「昌介」という品種から、また一九九〇年頃に長野で「東京ピーマン」という品種から花粉が出ない「雄性不稔株」が見つかったため、研究機関では雄性不稔利用へと一斉に舵をきっています。まだ不整形な果実が多いらしく、雄性不稔F_1ピーマン誕生の話は聞いていませんが、接木台木用の品種や「葵《あおい》ししとう」というシシトウなどで商品化されはじめました。前述のシシトウ産地である高知県南国市では、栽培品種のほとんどが既に「葵ししとう」に代わったそうです。

赤やオレンジ、黄色などカラフルで甘いパプリカは、初めはオランダからの輸入品で、オランダパプリカと呼ばれていました。「昔のカリフォルニアワンダーの完熟果を使っている」という説があったように、肉厚でジャンボな形は、カラーピーマンの象徴でした。これだけ大きな果実を赤く完熟するまで枝に着けておくためには、高いガラス温室のような設備と大量の燃料、それに一枝に一果という整枝摘果技術と、非常に長い栽培期間が必要です。

露地で雨に当たると熟す途中で腐ってしまう大形パプリカは、家庭菜園で作れるような代物ではないのです。このパプリカを、日本の小型のビニールハウスでも作れるようにしようと、現在のF_1ピーマンのような小型で肉の薄い品種への改良が進められています。そのうち家庭菜園でも手軽に栽培できるF_1パプリカがお目見えするかも知れません。でもその新品種は、きっと雄性不稔F_1で、子孫を残せない生命になっているのでしょう。（野口）

果菜類（ウリ科）
キュウリ
◆品種・相模半白胡瓜

素顔と栽培特性

相模半白胡瓜《さがみはんじろきゅうり》は江戸時代以前、中国伝来の皮が白っぽく黒いいぼがある華南系のキュウリですが、現在ではほとんど栽培されなくなっています。

首のほうは緑色が濃く、下の部分がだんだん白くなっているため、半白胡瓜と言われています。ずんぐりした形をしており、皮は硬めですが、本来の風味があって味が濃い、おいしいキュウリです。一番おいしいのは、畑から取り立てをそのままかじりつくことです。生ぬるいままでも、ほてった身体を冷やしてくれるのがわかります。

育て方のポイント

▼畑の準備　透明マルチをかけて地温を上げておきます。

▼種まき・育苗　キュウリは、一二八穴のプラグトレイを使っています。まき方はトマトなどと同様に市松模様になるようにまきます。

▼鉢上げ　本葉が出たら、四寸（一二cm）のポットに鉢上げします。

▼ネット張り　二畝をまたいで四m二〇cmのネットをかけますが、一畝の場合は垂直にネットを張るか、斜めに

収穫期の相模半白胡瓜

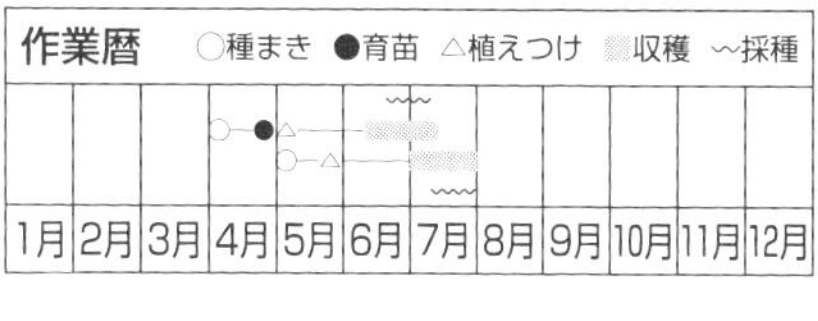

鉢上げした苗

透明マルチを敷く

ネットに誘引する

ネットを張ります。斜めに張ったほうが、誘引も楽にできます。

▼植えつけ　本葉が四枚以上になると、根が巻いてしまいますので、本葉が二～三枚くらいになったら株間八〇cmで浅植えします。家庭菜園の場合は、株間六〇cmでも大丈夫でしょう。

植えつけた後は、仮支柱（割り箸でもなんでも構いません）を立て、ネットに誘引できるようになるまで風に振られないようにしておきます。

▼直まき　直まきをするならば、霜が降りなくなった五月に入ってからがよいでしょう。八〇cm間隔で一カ所に三粒まき、最終的に一株になるように間引きます。植えつけたものと同じように、ネットに誘引できるようになるまで風に巻かれないように仮支柱を立てておきます。

相模半白胡瓜の場合、五月に直まきをしたものは、気温が高くなるので節なりをしないかもしれません。それでも節なりをするものがあれば、そこから種を採ります。私も、そのように種を採ることで、現在は直まきでも節なりをするようになっています。

キュウリのつくり方ポイント

誘引

親づると子づる２本をネットに登らせるようにする

種まき・育苗

本葉が出たら四寸ポットに鉢上げする

〈親づると2本の子づる〉

ネット張り

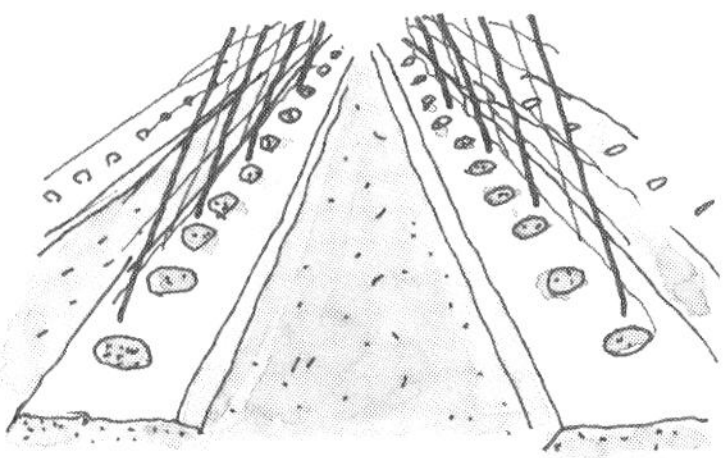

二畝をくくってネットを張る（畝にはポリマルチをかけておく）

収穫

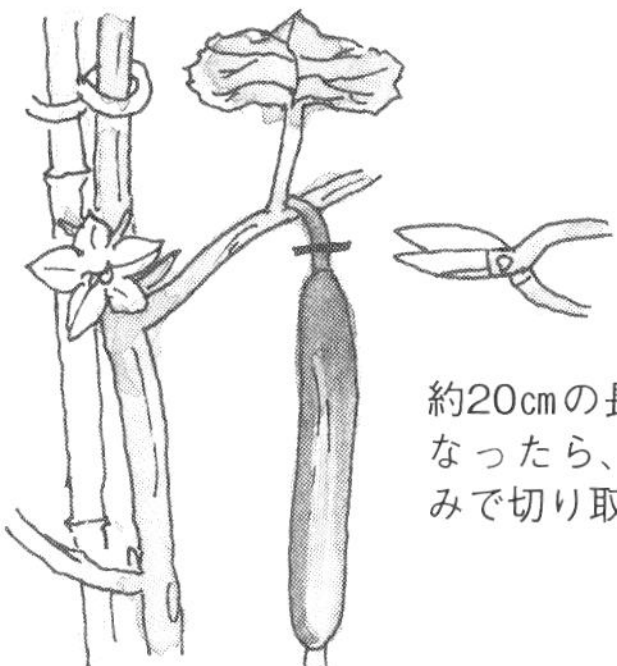

約20㎝の長さになったら、はさみで切り取る

植えつけ

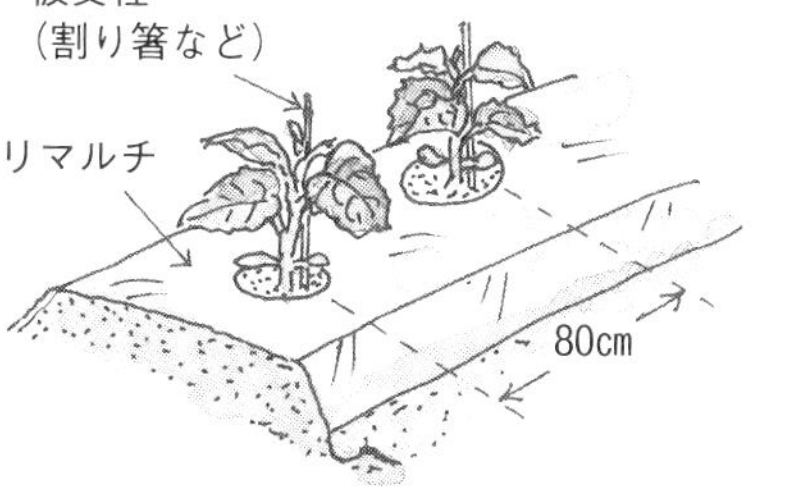

浅植えにし、仮支柱を立てる

相模半白胡瓜の雌花

収穫した果実

▼誘引・剪定　五節目くらいまで摘花しますが、摘芯はほとんどしません。よく「下段の子づるはかき取れ」と言われますが、無肥料自然栽培だと茂りすぎることはないので、親づる（幼芽が直接伸長したもの）と子づる（親づるから一次的に分岐した枝。子づるから分岐したのが孫づる）二本をネットに登らせていきます。途中からも元気な子づるが出てきたら、下からのつるを摘芯することもありますが、元気な生長点を五つ以上維持することを心がけます。

　親づるが自分の胸元くらいにきたら摘芯しますが、そのときは元気な子づるが育っているかの確認が必要です。元気な子づるがないと、その株は一気に弱ってしまいます。七～八年、自家採種と連作を繰り返し、無肥料自然栽培でも十分育つようになれば、下段の子づるはかき取ってしまっても、つるの勢いは落ちなくなります。

▼収穫　あまり大きくしすぎると株が疲れてしまうので、二〇cm程度になったら収穫します。

種採りのポイント

▼母本選び　子づるが元気なもの、節なりをするもの、病虫害に強いものを母本に選びます。

▼授粉の方法　相模半白胡瓜は、一般的に栽培されているキュウリと交雑すると、黒いいぼが白くなり、見た目も緑が強くなって半白ではなくなってしまうので、種採りをするには、他のキュウリと交雑させないための工夫が重要です。

　母本に選んだ株で摘花が終わった後、つぼみがふくらんだら、開かないようにキュウリの接ぎ木用クリップ（洗濯ばさみを小さくしたようなもの）などで夕方に先をつまんでおきます。翌朝七時にはパンパンになっているので、まず雄花だけを回収し、花びらをバナナの皮をむいたようにめくって持ち、雄花を開いて花粉をつけます。花粉をつけた雌花は他の花粉がつかないように再びクリップで閉じ、どの花に授粉させたかわかるように印をつけておきます。それを繰り返して、一株当たり五つくらいの実をつけるようにして、種づくりに集中してもらうために、それ以外の実は早めに採ってしまいます。

▼種採りのタイミング　種採り用の実は、つるの葉がすべて枯れてから、または実が変色して柔らかくなったら収穫し、すぐに種を出します。あまり追熟させすぎると実の中で発芽することがあるので、そのぎりぎりを見きわめることが、よく稔実した種を採るコツです。

▼種採りの方法　縦に切れ込みを入れて手で割り、中のゼリー質ごとタッパーに入れ、日陰に置いて三日間発酵させます（それ以上置いておくと、発酵熱で発芽してしまいます）。それをすることで、種に由来する病原菌を殺菌することができるのです。ガスでふたがふくらむので、たまにガス抜きしてください。

三日間発酵させたものを水の中に開けてかき回すと、ゼリー質がきれいに取れます。しっかり水に沈んだ種を採りだして水気をきり、新聞紙の上に重ならないように広げて、温度が上がりすぎないようにかき回しながら半日くらい天日にあて、その後、日陰で一週間から一〇日乾燥させます。

乾燥させたものは袋や乾燥剤入りの容器に入れて、翌年にまくまで冷蔵庫で保管します。　（関野）

切断して種を採る

相模半白胡瓜の種

果菜類（ウリ科）
キュウリ
◆品種・ときわ地這胡瓜

●●● 素顔と栽培特性

ときわ地這胡瓜《じばいきゅうり》は明治時代に中国から入ってきた、全体が緑色で白いいぼのある華北系のキュウリです。華北系のキュウリは、現在流通しているF_1種のキュウリのルーツであり、見慣れた姿をしています。

皮が薄く輸送には不向きですが、味が濃く実が締まって歯ごたえもあり、生食が本当においしいキュウリです。これも、相模半白胡瓜と同じく、畑から取れたてのキュウリをそのまま食べると、身体を冷やしてくれるのがわかります。

●●● 育て方のポイント

▼畑の準備　地這キュウリなので、畝間を広くつくります。肥料をやる場合は二m四〇cm必要ですが、私の畑では二mにしています。

地這キュウリだけは透明マルチではなく黒マルチを使い、夏場に地温が上がりすぎるのを抑制するようにしています。

▼直まき　私の畑では、相模半白胡瓜が終わった頃に収穫できるようにするために、五月下旬にまいています。

株間は九〇cm。一カ所に三粒、種の大きさの三倍くらいの深さにまきます。

発芽しかけた状態のときに、よく鳥に食べられてしまうので、種をまいてしっかりと発芽するまで、寒冷紗をべたがけして鳥よけをしています。

▼間引き　本葉が二枚くらいになったときに一株、本葉が四～五枚になった頃に一株間引いて、最終的に一カ所一株にします。二回目の間引きでは残す株の根を傷つけないよう、引き抜かずにハサミで株元から切るようにしています。

▼ネット張り　キュウリはもともと地面を這うものので、真っすぐ上に伸びていくのは苦手ですが、斜

作業暦　○種まき　●育苗　△植えつけ　▒収穫　〜採種

1月	2月	3月	4月	5月	6月	7月	8月	9月	10月	11月	12月
				○	―	▒	▒ 〜				

め上にならばしっかりと生長してくれます。私の畑では地這にしていますが、面積の狭い畑ではネットを斜めに張って誘引しても良いでしょう。ネットは一八cmのものと二四cmのものがありますが、一八cmのもののほうが使いやすいと思います。

▼**誘引・剪定**　三～四本の子づるが出て、元気な生長点があることを確認してから、親づるの先を止めるように摘芯します。子づるは通路が歩けないくらいになったら摘芯しますが、放っておいても良い場所ならばそのままでも問題ありません。

黒マルチを敷いたキュウリ畑

ときわ地這胡瓜の果実(種採り用)

子づるは、斜めに伸びていくように誘引します。

▼**収穫**　七月中旬から八月中旬まで収穫できます。

種採りのポイント

▼**母本選び**　子づるが元気で子づるの着果率が良いものを選びます。その母本の中でも形の良い実を一～二つ選びます。

▼**授粉の方法**　相模半白胡瓜と同様に、まわりで栽培されているF₁種のキュウリと交雑する可能性はありますが、同じ華北系のキュウリなので、それほど見た目に違いは出てきませんから、相模半白胡瓜ほど授粉に神経質になることはないでしょう。しっかりとこだわりたい場合は、相模半白胡瓜と同じような工程で授粉をおこなってください。

▼**種採りのタイミング**　相模半白胡瓜と同様です。

▼**種採りの方法**　相模半白胡瓜と同様で、よく乾燥させ、袋や乾燥剤入りの容器に入れて袋や乾燥剤入りの容器に入れて冷蔵庫などで保管します。

(関野)

果菜類（ウリ科）

キュウリ

◆品種・神田四葉胡瓜

素顔と栽培特性

神田《かんだ》四葉《スーヨー》胡瓜《きゅうり》は、大正末期に固定された華北系のキュウリです。早生で、本葉が四枚目の頃にはもう雌花をつけるところから、「四葉《スーヨー》」という名前がつけられたそうです。

実は濃緑色で、長さ三〇～四〇cm、イボが多くて高く、縮緬《ちりめん》のように細かい縦ジワがよっていて独特の外観を持っており。歯切れがよくキュウリの中で最もおいしいと言われています。

神田四葉胡瓜はみずみずしくて柔らかいがゆえにいくぶん傷みが早いのですが、多少採り遅れても肉質も味も落ちないので、家庭菜園には打ってつけの品種です。

育て方のポイント

▼畑の準備　植えたいところに一五cmほどの溝をつくり、土が乾かないように黒マルチを張っておきます。植えつけ前には支柱を立て、ネットも張っておきます。

▼種まき・育苗　水が抜けるトレイを使って五cm間隔で種をまき、土をかぶせたら水をたっぷりかけ、土が乾かないように新聞紙や手ぬぐいなどで覆っておきます。

▼鉢上げ　本葉が出たら、ポットに鉢上げします。

▼植えつけ　本葉が四枚くらいになったら、畑の溝の中に株間八〇cm～一mで植えつけます。家庭菜園の場合は、株間60cmでもよいでしょう。溝に植えつけるので、風に振られません。

▼誘引・剪定　気温が高くなってくると、親づるが伸びるのにつれて子づるも伸びてくるので、最初に先端が垂れ下がらないうちにバランスよくネットに伸びるように誘引します。下段の子づるを摘芯す

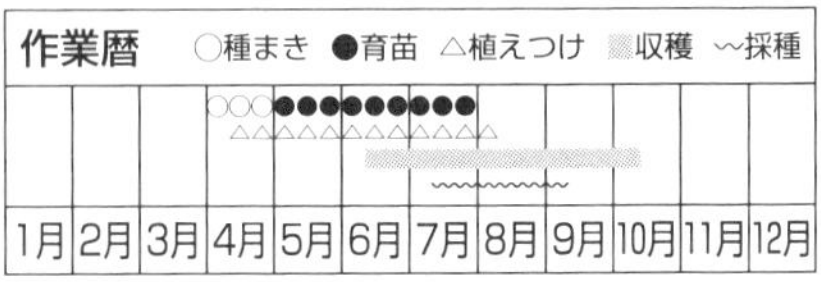

外観はイボが高く、縦ジワが多い

神田四葉胡瓜の開花

収穫した果実

ることもありますが、ほとんど何もしなくてもネットに登っていくようになります。

株全体が弱ってきたと思ったとき、樹勢を取り戻すため、曲がりすぎたり、尻太りだったりする幼果を手でもぎ、樹勢を回復させます。このほうが長期にわたり、良質の実を取ることができます。もっとも曲がったキュウリは自家用（家庭菜園）の場合、それほど気にする必要はありません。

ちなみに摘果したつぼみ付きの幼果は、浅漬けにしたり、もろきゅうにしたりして食べると、四葉系キュウリならではのシャキッとした歯ごたえ、みずみずしさに納得です。

▼**収穫**　六月から九月まで収穫できます。

種採りのポイント

相模半白胡瓜と同じ方法で取りだし、よく乾燥させ、袋や乾燥剤入りの容器に入れて冷蔵庫などで保管します。

（石川・長野）

コラム 野菜の種明かし

キュウリのイボとブルーム

ナス科植物は自家受粉性なのでほとんど交雑せず、基本的な遺伝子を変えずに風土に順応した伝統野菜として土着します。しかしキュウリなどのウリ科植物は、自分の花粉を嫌う他家受粉性の虫媒花なので、異品種と交雑して絶えまなく遺伝子が変化するため、歴史的な変遷をたどるのが非常に困難です。

昭和一〇年代に中国大陸に何度も渡り、植物探索を行った熊沢三郎は、大陸との比較で日本のキュウリを分類しました。それによると、当時の日本のキュウリは、有史以前に渡来した華南系と、明治以後に渡来した華北系に大きく分かれ、それにロシア経由で北から入ったピクルス型キュウリとの雑種が入り交じって存在していたようです。

現在もずんぐり大きい特異な形で残る広島県福山市の「青大《あおだい》」は華南系。同じずんぐり型でも金沢の「加賀太《かがぶと》」は、華南系と華北系の雑種である「加賀節成《ふしなり》」に、東北から導入したピクルス系と華南系の雑種をかけ合わせて固定したものと言われています。日本古来のキュウリであった華南系は、実の周囲のとげの先端が黒い黒イボ品種が多く、皮は硬く、苦味の出やすいキュウリでした。苦味を消すため、付け根部分を折ってこすりあわせるとか、切り口を逆さに立ててしばらく置くなどという言い伝えがありました。

キュウリは、雄花と雌花が別々に咲く植物で、雌花が実になり、雄花は無駄花として嫌がられます。雌花が親づるの葉の付け根ごとに咲く性質を節成りといい、支柱を立てて栽培するのに向いていますが、華南系はこの節成り性が強いものが多く、支柱栽培には不可欠の品種でした。しかしこの節成り性は日が長く高温になると衰えて雌花が付かなくなってしまうため、華南系の「相模半白」や埼玉の「落合節成」、「加賀節成」などは、夏までしか成らない「春キュウリ」と呼ばれていました。

これに対して、華北系キュウリは、低温での成長力や節成り性が弱く、親づるよりも子づるや孫づるに雌花を付け、暑くなってから成り始めるため、「夏キュウリ」と呼ばれ、五月以後に直まきして、親づるは摘芯し、子づるや孫づるを広げて地面に這わせて栽培する地這いキュウリとして定着しました。

華北系の夏キュウリの実は、全体が緑色でイボが白く、皮が薄くて柔らかく、苦味も出ないので東京周辺で好まれ、埼玉で「霜しらず」「ときわ」などの地這い品種を生みました。うちの「奥武蔵地這《おくむさしじばい》」も、戦時下の満州で耐病性強く改良されたときわ系地這いです。

低温短日下なら本葉五～六枚から雌花を付ける華南系の節成りキュウリを高温長日になっても成り続けるように改良することは、キュウリ育種家の夢でした。華南系と華北系を様々な組み合わせでかけ合わせ、黒イボ節成りの色々な品種が試作されましたが、日本のキュウリを白イボに大きく変えるきっかけとなったのが、前述の熊沢三郎の九州農業試験場が一九五五年に完成させた「夏節成」という固定種キュウリでした。

「夏節成」は、熊沢が中国から導入した華北系白イボの夏でもよく成り草勢が強い「四葉《スーヨー》」に、華南系黒イボの「落合節成」を四代かけ続けて（バッククロス）節成り性を取り込んだ子を母親とし、同じ「四葉」に雌花がよく付くが草勢が弱い華北系の「満州秋」を三代かけた子を父親にして得た雑種の子から選抜した三代目の一系統でした。最初に作付けした系統が大雨で流されてしまったため、やむなく後まきした予備系統だったそうです。

偶然まかれたこの種は、遅くまで完全に節成りで、おまけに雌花しか付けない全雌性という驚くべき性質を現しました。雄花が無いため、自然界では自分の子孫を残すことができません。しかしジベレリンという合成ホルモン処理で、雌花を雄花に変え、子孫を殖やすことができました。こうして誕生した白イボの「夏節成」を親にしたF_1の子孫たちは、その後の支柱栽培用節成りキュウリを、黒イボから白イボに変えていき、昭和四〇年代半ばには全国のキュウリは白イボばかりになってしまいました。

同じ頃、ビニールハウスでのキュウリ栽培が普及しました。もともと夏キュウリの白イボ節成りは、低温伸長性が弱かったため、低温伸長性の良いカボチャの台木に接木されて栽培されるようになりました。接木栽培は、狭いハウスで周年連作栽培することも可能にしました。

ハウスで周年栽培するようになると、虫が受粉しなくても実を付ける単為結果性が求められます。この性質はイギリスの温室用キュウリから導入され、日本の多くのキュウリが種なしキュウリに変わっていきました。もしかすると雌花しか持たない「夏節成」から単為結果性を獲得していたのかもしれませんが、「夏節成」発表当時の資料からは確認できませんでした。こうして複雑な交配を重ねた結果、日本のF_1キュウリからは苦味と雄花と種が消えていったのです。しかし、同時にキュウリから味が無くなり、まずくなってしまったのも事実です。

昭和六〇年代になると、ブルームレスキュウリが登場します。これはキュウリの新種でなく、台木カボチャの新種です。このカボチャは、土壌中の珪酸吸収力が弱いため、キュウリが実を守るために出すロウ質の白い粉（ブルーム）を形成できません。そのためこの台木に接がれたキュウリは、つやが出て輝きました。これが当時の農薬反対の風潮と結びついて、ブルームを残留農薬と誤解した主婦たちはきれいなブルームレスキュウリに飛びつきました。

実を守るブルームが出せなくなったキュウリは、皮を硬くして実を守ろうとします。皮を硬くするので、出荷サイズに育つには生育日数が何日も余計にかかりました。当然キュウリ農家にとっては収量減につながりますが、皮を硬くしたキュウリは、店頭の日もちが良くなり流通業者に喜ばれました。見ばえと日もち優先の社会が、まずいキュウリをさらにまずくしてしまったのです。

現在、市場を支配する外食産業の要請で、キュウリはイボなしに変わりつつあります。イボに雑菌が付くのを防ぎ、食中毒のリスクを少なくするためです。味が変わり、形が変化したキュウリは、これからどこへ行くのでしょう？

耐病性を付けるため、キュウリの大手種苗会社が特許庁に申請中の遺伝子組み換え技術が、その答えでなければいいのですが。（野口）

果菜類（ウリ科）
マクワウリ
◆品種・甘露まくわ瓜

素顔と栽培特性

甘露《かんろ》まくわ瓜《うり》は、淡緑色で薄い縦縞が入り、熟すとやや黄味を帯び、一つ七〇〇～八〇〇gになる俵型のウリです。

メロンほどの甘みはありませんが香りが抜群で、いくらでも食べられます。うちの畑では、形の悪いものは若どりして、浅漬けにしますが、これもとてもおいしく食べられます。

育て方のポイント

基本的には、ときわ地這胡瓜と同じです。

▼収穫　甘露まくわ瓜は、若いうちはきれいな緑色ですが、熟すにしたがって色がだんだん薄くなっていきます。完熟すると、実を触るとヘタから取れますので、そうなった状態のものを収穫します。

種採りのポイント

基本的にはときわ地這胡瓜と同じです。キュウリのように幼果を食べるのではなく、甘露まくわ瓜は完熟したものを食べるものですから、種採り用の実の中で味を確かめて、よりおいしいものの種を採るようにします。（関野）

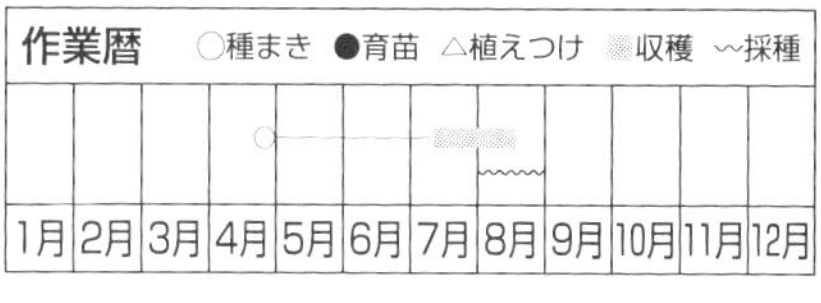

甘露まくわ瓜の開花

果実が結実

果菜類（ウリ科）

トウガン

◆品種・姫とうがん

素顔と栽培特性

東南アジア原産で、日本では平安時代から食べられていたトウガン。皮が丈夫で水分を失いにくく、夏に収穫したものが生のままで冬まで保存できるので、「冬」瓜と呼ばれています。

トウガンは大きなものでは四～五kg以上になるものもありますが、姫《ひめ》とうがんは一・五kg程度の大きさで使いやすく、家庭菜園向きのサイズです。耐暑性に優れ、着果率が高いのも家庭菜園向きといえるでしょう。

育て方のポイント

▼畑の準備　畝幅一〇〇cm、高さ一五cm程度の畝を仕立て、あらかじめ黒ビニールマルチを張っておき、地温を上げておきます。トウガンは旺盛に伸びますので、隣の畝とは一mくらい離しておきます。

▼種まき・育苗　種をガーゼなどに包み、一晩ぬるま湯に浸けて（三〇～三五℃でおよそ八時間）、十分に吸水させます。こうすることで発芽が揃います。翌日、四寸（一二cm）ポットに土を詰め、一ポットに三粒ずつ、深さ一cmくらいに種まきします。発芽して本葉が出た頃に、一本に間引きます。この際、間引く株を抜くと残す株の根を傷める可能性があるので、ハサミなどで根元を切って間引きます。

▼植えつけ　二枚目の本葉が出始めた頃から、三枚目が出るまでに植えつけます。本葉が三枚以上になると、ポットのまわりに根が巻いてしまい、植えつけた後の生長が遅れてしまいます。

あらかじめ用意しておいた畝に、株間八〇cmで浅植えします。十分に根が巻いていない苗を使用するため、植えつけの際には根鉢を崩してしまわないよ

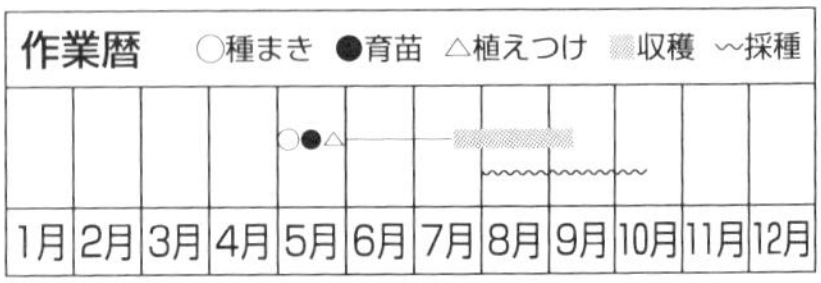

結実した姫とうがん

うに配慮しましょう。植えつけ前にたっぷりと水をやると、土と土が密着して崩れにくくなります。植えつけた後は、風に揺られて苗が傷まないように、ピン（杭など）で留めておきます。

▼管理　トウガンの樹勢は旺盛で、剪定せずに放っておいても、十分に収穫までたどりつけます。

ただし一点注意したいのが、着果してからの水やりです。水が不足すると、株が元気に見えても果実は日焼けしたり、収穫できても可食部が薄くなったり、十分に成熟した種をつけられなかったりします。とくに梅雨明けからは適宜水やりを心がけましょう。

▼収穫　果実の皮の部分に白い粉がふいてきた頃が、収穫適期です。収穫期は七月から九月まであり、一つ収穫してからも次々と着果して収穫できますので、株が疲れないように適時収穫します。

種採りのポイント

▼母本選び・交配の方法　生育が良く、病虫害に強いものを母本に選びます。近くで他品種のトウガンを育てている場合には人工授粉しますが、通常では昆虫に任せても十分に着果します。

▼種採りのタイミング　収穫してきた状態で完熟していますので、いつでも採種できます。保存性も良く、一二月頃まで常温で保存できます。種採りは実際に食べて味や完熟度を確認した上でおこないます。

▼種採りの方法　半分に割って、中心の綿ごと種を取りだします。水洗いしながら、綿から種を取りだし、水に沈むものだけを選別します。ざるに上げて一～二日くらい天日干しをして、一～二週間くらい陰干しします。

よく乾燥させたら、湿気が入り込みにくい容器に乾燥剤と一緒に入れて、冷蔵庫で保存します。翌年すぐに使う場合には、直射日光の当たらない涼しい場所に置いておくこともできます。

（渋谷）

果菜類（ウリ科）

ニガウリ

素顔と栽培特性

ニガウリは熱帯アジア原産で、江戸時代に中国を経て沖縄や九州に入ってきたとされています。名前のとおり強い苦みがありますが、熱に強いビタミンが豊富な健康野菜です。太くて短いタイプと細くて長いタイプがあります。

丈夫で、あまり手をかけなくても育つので、家庭菜園でも育てやすく、最近では節電をはかるため、エアコンなどに頼らず、窓側に「緑のカーテン」としてもよく栽培されています。

育て方のポイント

▼**畑の準備**　あらかじめ黒ビニールマルチを張っておき、地温を上げておきます。

▼**種まき・育苗**　種をガーゼなどに包み、一晩ぬるま湯に浸けて（三〇～三五℃でおおよそ八時間）、十分に吸水させます。こうすることで発芽が揃います。翌日、三・五寸（九㎝）ポットに土を詰め、一ポットに三粒ずつ、深さ一㎝くらいに種まきします。

発芽して本葉が出た頃に、一本に間引きます。この際、間引く株を抜くと残す株の根を傷める可能性があるので、ハサミなどで根元を切って間引きます。

▼**ネット張り**　キュウリネットパイプを使い、畝幅一二〇㎝、通路六〇㎝の畝を二つまたいでアーチ状に四二〇㎝のネットを張ります。

支柱を使って、一畝に一八〇㎝のネットを垂直に張ることもできますが、強風で支柱とネットもろともなぎ倒されないように、しっかりとした風対策が必要です。

地這いも可能ですが、収穫物を見つけるのが大変になります。

作業暦　○種まき　●育苗　△植えつけ　▒収穫　〰採種

1月	2月	3月	4月	5月	6月	7月	8月	9月	10月	11月	12月
				○●	△──	▒▒	▒▒ 〰	▒			

収穫期のニガウリ

ニガウリの開花

緑のカーテンとしても人気のニガウリ

▼植えつけ　二枚目の本葉が出始めた頃から、三枚目が出るまでに植えつけます。本葉が三枚以上になると、ポットのまわりに根が巻いてしまい、植えつけた後の生長が遅れてしまいます。

あらかじめ用意しておいた畝に、株間九〇cmで浅植えします。十分に根が巻いていない苗を使用するため、植えつけの際には根鉢を崩してしまわないように配慮しましょう。植えつけ前にたっぷりと水をやると、土と土が密着して崩れにくくなります。植えつけた後は、風に揺られて苗が傷まないように、ピン（杭など）で留めておきます。

▼誘引　生育は旺盛で腋芽がたくさん出てきます。実がビニールマルチや地面についていると傷む場合があるので、できるだけツルがネットに這うように誘引します。

▼収穫　株の状態によっては、同じ株でも実の大きさは様々ですが、表面のイボイボがぷっくりとふくれてきた頃が収穫適期です。収穫が遅れると数日で実が黄色っぽくなり熟してきてしまいます。株が疲れないように適時収穫を心がけましょう。

割れた果実と種

種採り用の果実

種採りのポイント

▼母本選び　生育が良く、病虫害に強いものを母本に選びます。近くで他品種のニガウリを育てている場合には人工授粉しますが、通常では昆虫に任せても十分に着果します。

▼種採りのタイミング　そのまま株にならせておくと、オレンジ色になって柔らかくなってきます。実全体がオレンジ色になったらすぐに収穫しましょう。オレンジ色になったまま数日おくと、おしりが割れて種が地面に落ちてしまいます。

▼種採りの方法　手で割って、種を取り出します。きれいに水洗いして、水に沈むものだけを選別します。ざるに上げて一〜二日くらい天日干しをして、一〜二週間くらい陰干しします。

よく乾燥させたら、湿気が入り込みにくい容器に乾燥剤と一緒に入れて、冷蔵庫で保存します。翌年すぐに使う場合には、直射日光の当たらない涼しい場所に置いておくこともできます。

（渋谷）

果菜類（ウリ科）
スイカ

素顔と栽培特性

古代エジプトの壁画にも描かれている、歴史の古い作物であるスイカ。日本にも、平安時代には中国から渡ってきたとされています。

原産地のアフリカ砂漠地帯では、スイカは水分補給のジュースとして食べられたり、甘くないスイカは料理の材料としても食べられています。スイカはブドウ糖、果糖がほどよく含まれ、またビタミンやカルシウム、カリウム、カロテンなどの栄養素も含まれており、夏ばてした体に負担をかけない食べ物です。

粘土質から砂質まで栽培可能で、土壌への適応性の幅は広い。とはいえ、もともと乾燥した地域の作物のため湿度に弱く、葉が濡れると病気になりやすい作物です。

育て方のポイント

▼畑の準備　畝間を一mくらい取り、一五cmくらいの畝を立てて黒マルチを敷いておきます。

▼種まき・育苗　水の抜けるトレイに八〜一〇cm間隔でまきます。四枚目の葉が出てくる頃に、ビニールポットに植え替え、葉がポットから

作業暦　○種まき　●育苗　△植えつけ　▒収穫　〜採種

1月	2月	3月	4月	5月	6月	7月	8月	9月	10月	11月	12月
			○―●	△―	―	―	▒〜				

スイカの種

収穫期の果実

はみ出すくらいまで育てます。

▼**植えつけ**　ポットから葉がはみ出してきたら、株間一mくらいで植えつけます。土が一cm程度かかる深さの浅植えにします。

▼**摘芯**　四枚目の葉のところの芽を摘芯し、三本仕立てにしてつるを伸ばしていきます。伸ばしたつるが、互いに交差しないように配置します。

この頃からは、葉が暑さで焦げないよう、敷きわらをしておくとよいでしょう。敷きわらは、下の葉への土のはね上がりによる病害の発生を防いだり、乾燥を防いだりします。

▼**収穫**　交配から四〇～四五日を目安に、実の近くのつるが枯れ始めたら収穫時期です。実を叩いて、低い音が出るかも確かめてみるとよいでしょう。

スイカの発芽

黒マルチに植えつける

●●● 種採りのポイント

▼**母本選び**　好みの形のもの、味の良い実を選びます。

▼**種採りの方法**　収穫した実は、四～五日おいて追熟させます。種は、よくふくらんだもの、黒色が強いものを選び、よく洗って種の膜をとり、天日干しをします。あまり長く干すと、変色してしまうので注意をしてください。その後、日陰で一週間ほど乾燥させ、種を紙袋や乾燥剤入りの容器に入れて冷蔵庫で保管します。

（石川・長野）

果菜類（ウリ科）カボチャ

素顔と栽培特性

アメリカ大陸が原産のカボチャには、アンデス山脈で栽培されていた西洋カボチャ、熱帯地方で栽培されていた東洋カボチャ、北米の乾燥地帯で栽培されていたペポカボチャの三系統があります。

日本には一七世紀頃に東洋カボチャが伝わりました。カンボジアから伝わったことがカボチャの語源だと言われています。

低温に強く、痩せ地でも育ち、病気にも強い作物で、カロテンやビタミンAを多く含んでいます。また、デンプンを糖に変える酵素を含んでいるため、収穫直後より収穫後一カ月頃が糖化のピークとなり、よりおいしくなります。

黒皮栗カボチャと雄花

西洋カボチャは栗カボチャとも呼ばれる

育て方のポイント

▼畑の準備　畝間を一mくらい取り、一〇cmくらいの畝を立てて黒マルチを敷いておきます。

▼種まき・育苗　水の抜けるトレイに八〜一〇cm間隔でまきます。四枚目の葉が出てくる頃に、ビニールポットに植え替え、葉がポットからはみ出すくらいまで育てます。

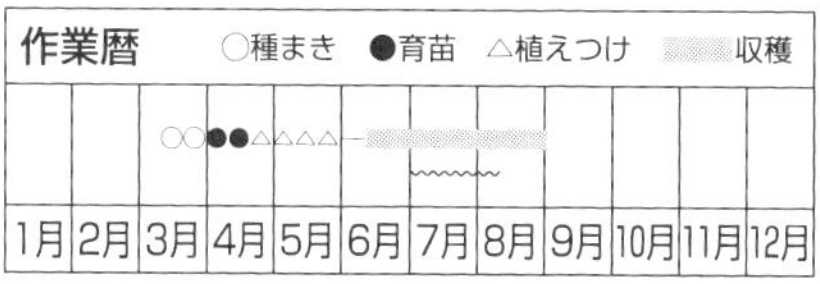

ちりめん系統の日本カボチャ

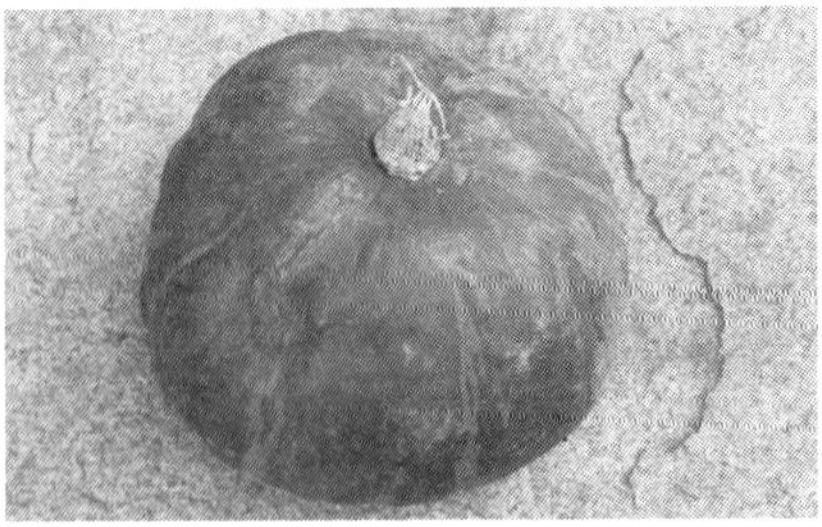

種採り用のカボチャ（兵庫在来種）

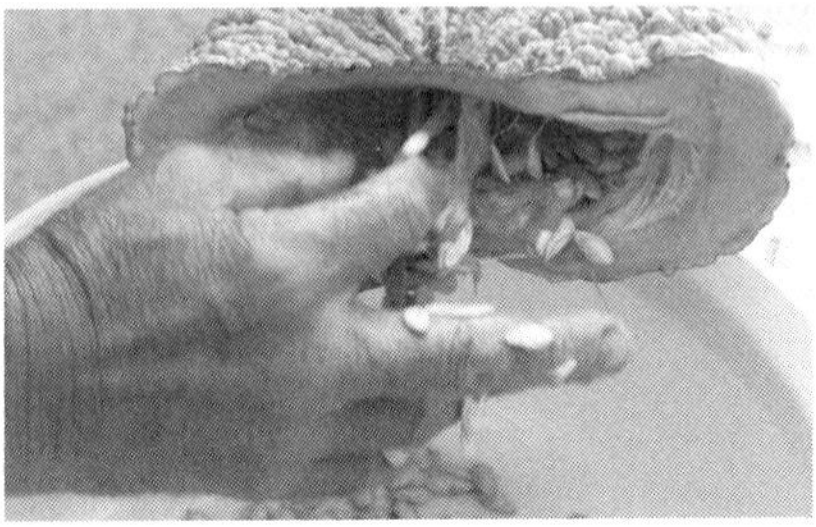

日本カボチャの種を採る

収穫間近のカボチャ畑

▼植えつけ　ポットから葉がはみ出してきたら、株間一mで植えつけます。

▼摘芯　四枚目の葉のところの芽を摘芯し、三本仕立てにしてつるを伸ばしていきます。この頃からは、葉が暑さで焦げないよう、敷きわらをしておくとよいでしょう。

▼収穫　ヘタが枯れてきて、裏側の中心ができてきたら収穫時です。収穫後一〇～一四日ほど置いてから食べると、糖化が進みおいしくなります。

種採りのポイント

▼母本選び　好みの形のもの、味の良い実を選びます。

▼種採りの方法　種は、よくふくらんだもの、黒色が強いものを選び、よく洗って種の膜をとり、天日干しをします。あまり長く干すと、変色してしまうので注意をしてください。その後、日陰で一週間ほど乾燥させ、袋や乾燥剤入りの容器に入れて冷蔵庫で保管します。

（石川・長野）

果菜類（アオイ科）
オクラ
◆品種・東京五角オクラ

素顔と栽培特性

原産地はアフリカですが、アメリカ南部で生産が盛んです。日本には江戸末期に伝わりましたが当時は観賞用であり、食用として本格的に栽培されるようになったのは一九七〇年代以降です。

東京五角《ごかく》オクラは、その名のとおり切り口が五角形になっているオクラです。島オクラなどの丸さやのオクラは、大きくなっても柔らかく生でも食べやすいオクラですが、味は多角形オクラのほうがおいしいように感じます。

育て方のポイント

▼畑の準備　透明マルチをかけておきます。

▼直まき　私の畑では五月中旬からまきますが、高温多湿を好むため、六月に入ってからまいてもよいでしょう。

オクラの種は硬く発芽しにくいので、一晩水に浸してから、濡れたガーゼ等でくるんでタッパーなどで密封し、日の当たるところで三〇℃以上に保ちながら、さらに一日置いておきます。高温多湿の状態にすると翌朝には根が出ているので、それを種の三倍くらいの深さに三粒まき、最終的に二株になる

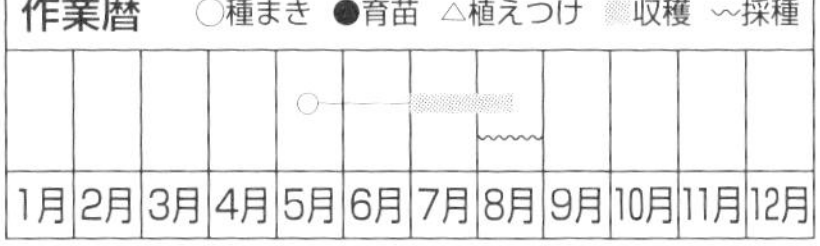

収穫期の東京五角オクラ

ように間引きます。

葉が大きくなるので、私は六〇cm間隔でまいていますが、三〇cm間隔に一株でもよいでしょう。
▼**地温管理**　五月中旬に植える場合は、発芽が揃うまで降雨による地温の低下を防ぐため、雨よけと保温をかねてビニールトンネルをしておきます。六月に植える場合は、ビニールトンネルがなくても大丈夫です。
▼**誘引・剪定**　とくに何もしません
▼**収穫**　東京五角オクラのような多角形オクラの場合、一五cmを超えるほど大きくしすぎると硬くなってしまうので、一〇cm前後になったら収穫します。

種採りのポイント

▼**母本選び**　生育の良いものを母本に選びます。
▼**交配の方法**　オクラは自家受粉するので、すぐそばに別品種のオクラがない限り交雑しません。しかし、すぐそばに別品種のオクラがある場合は、つぼみのうちに封筒状のものを花にかぶせて、交雑させないようにします。自家受粉するので、キュウリのように花粉をつける必要はありません。
▼**種採りのタイミング**　私の場合は、母本に選んだ株のさやすべてから種を採りますが、家庭菜園では一株に一さやを残しておけば十分でしょう。
種採り用に選んださやは、五角形の角が割れてきたら取り込みます。
▼**種採りの方法**　さやを割ると種が出てきますので、風でゴミを飛ばし、念のために二〜三日、日陰干しをしてから袋や乾燥剤入りの容器に入れて保存します。
（関野）

オクラの開花

収穫シーズンのオクラ畑

オクラのつくり方ポイント

収穫

果梗は硬いので、はさみで切り取る

〈さやの断面〉

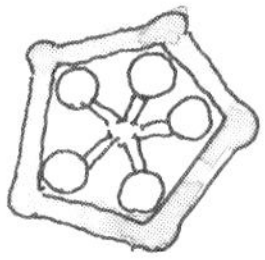

品種名どおり五角形

種採り

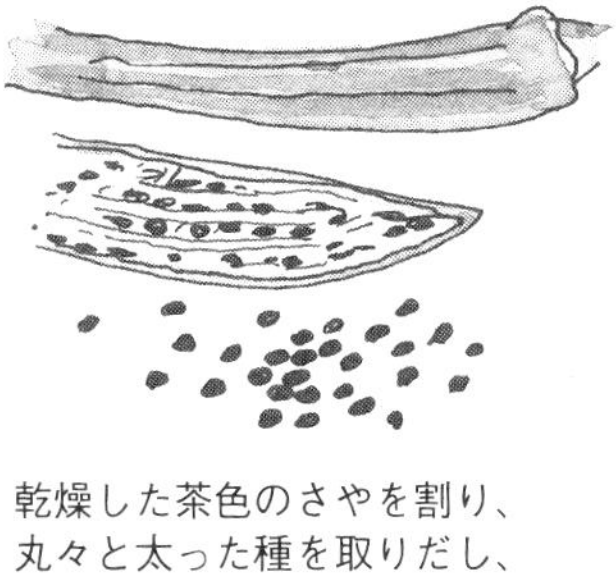

乾燥した茶色のさやを割り、丸々と太った種を取りだし、保存する

種まき

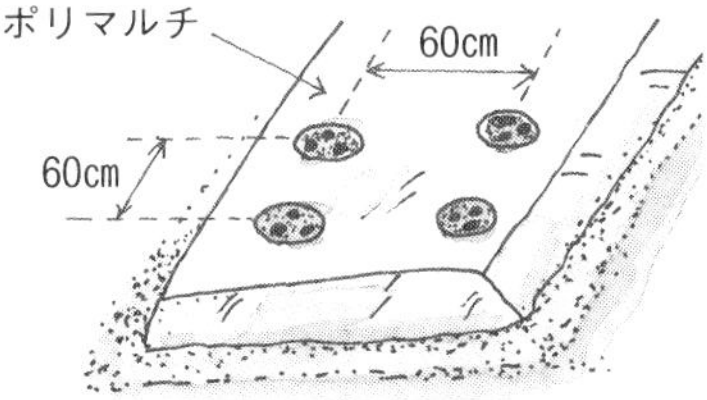

1カ所の植え穴に3粒をじかにまく

発芽・間引き

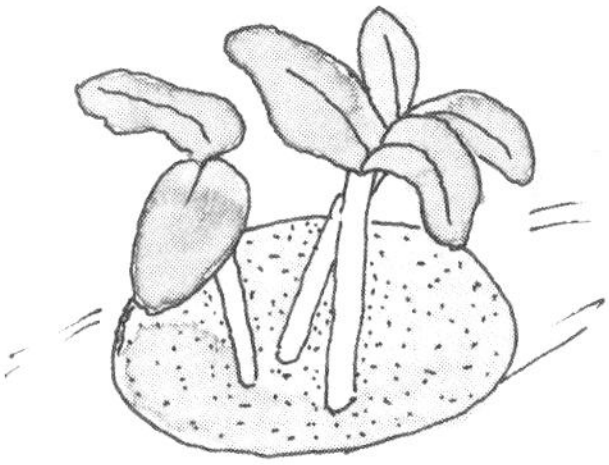

元気な芽を2株残して間引き

ビニールトンネルかけ

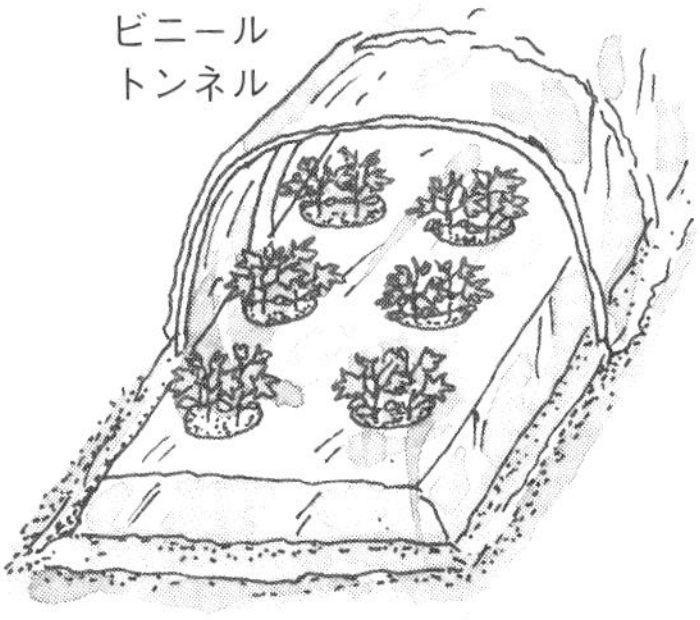

5月中旬植えの場合は、発芽が揃うまで雨よけと保温を兼ねてビニールトンネルをかける

ゴマ類（ゴマ科）

ゴマ

◆品種・金ゴマ

素顔と栽培特性

原産地はインドまたはアフリカですが、日本でも、奈良時代や平安時代の記録にはすでに掲載されている、歴史の古い作物です。

育て方のポイント

▼**畑の準備**　透明マルチをしておきます。

▼**直まき**　株間一五cm間隔で一カ所に三粒、種が十分隠れる深さにまきます。九二一五というマルチは一五cm間隔で二条植えの形に穴が開いているので、便利です。最終的に一株になるように間引きます。

▼**収穫**　実が褐色になったら、株ごとはさみで切り、風通しの良いところに置いて追熟させます。乾燥したらセメントをかき混ぜるときに使うようなプラ船の中で株ごとたたき、実を出します。

ゴミ取りが大変ですが、ゴマ用のふるいが市販されていますので、そういったものを使うとよいでしょう。

種採りのポイント

生育の良かった株を選んで刈り取り、シートの上に並べて乾かし、サクが裂開した頃にサクをたたいて種を採っておきます。

（関野）

金ゴマの開花

種が入ったサク

作業暦　○種まき　●育苗　△植えつけ　▒収穫　〜採種

1月	2月	3月	4月	5月	6月	7月	8月	9月	10月	11月	12月
			○	―	―	―	▒ 〜				

第3章

旨い葉茎菜類の固定種とつくり方のコツ

葉に丸みのあるコマツナ（丸葉小松菜）

葉茎菜類（アブラナ科）

ハクサイ

◆品種・松島新二号白菜

●●● 素顔と栽培特性

松島新二号白菜は、大正時代に中国より導入した芝罘《チーフー》白菜を改良し、一九四三年に宮城県松島で誕生したハクサイです。

葉の一枚一枚が薄くて柔らかく、F1種のように水ぶくれしていないため、漬けてもほとんど水が出ません。味がしっかりしていて風味も良く、食べ方を選びません。

●●● 育て方のポイント

▼畑の準備　透明マルチをかけておきます。

▼直まき　六〇cm間隔で一カ所に三～五粒、種が隠れる程度にまき、葉が重なるようになったら順次、一〇月中旬に一株になるように間引きます。

自分で採った種だと、どうしても交雑してしまっているものが出てきますが、交雑したものは妙に生育が早かったり、緑色が濃かったり、葉がギザギザしていたりと、本葉が出てくればわかりますので、そういったものを間引いてください。

▼長雨・防虫対策　秋の長雨時に水はけを良くすることと除草を兼ねて、一株に間引きした後に畝間に溝を掘り、

ハクサイ畑（12月）

結球した松島新二号白菜

作業暦　○種まき　●育苗　△植えつけ　▒収穫　〜採種

1月	2月	3月	4月	5月	6月	7月	8月	9月	10月	11月	12月
▒					〜			○△			▒

ハクサイのつくり方ポイント

収穫

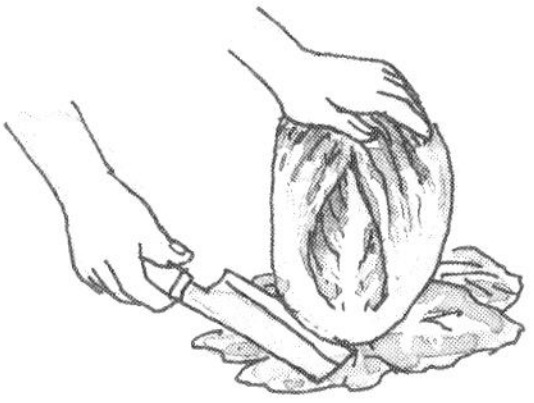

頭の部分の葉が硬くし
まっているようならば、
球と外葉の間に包丁を
入れ、切り取る

種採り

〈茎を株元から刈る〉

株全体が
茶褐色に
なったら
刈り取る

〈シートの上で脱粒させる〉

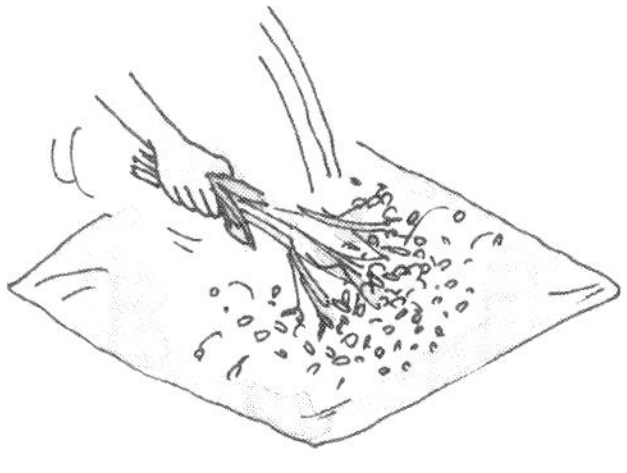

天日にあて、陰干しをして
乾燥させ、保存する

種まき

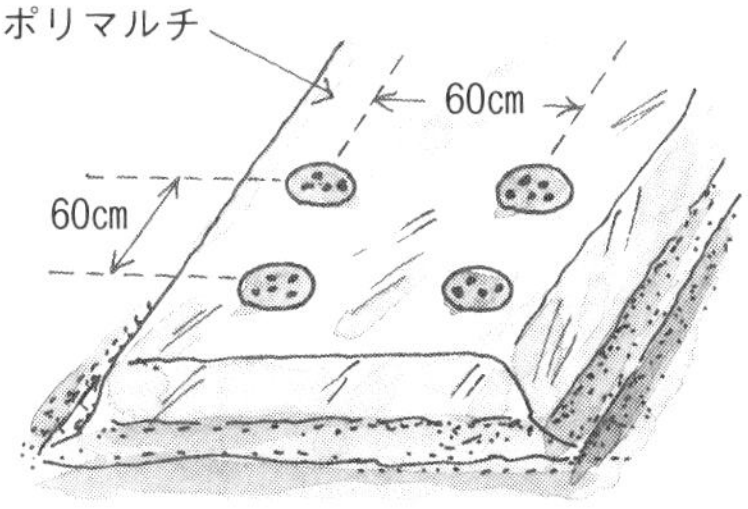

1カ所の植え穴に3～5粒をじかにまく

発芽・間引き

葉が重なるようになったら、1株になる
ように間引く

秋の長雨対策

間引き後は水はけを良くし、除草を兼ねて
畝間に溝を掘り、畝側に土をかける

テープでとめて出荷

虫害に強いハクサイを育成

畝のほうにかけてあげます。

ハクサイの場合、一番やっかいなのはダイコンシンクイムシ（ハイマダラノメイガの幼虫）です。見つけたときは畑一面に広がっているので、見つけたら、つま楊枝などを使って取り除くようにします。防虫ネットを張れば防げますが、私の畑では、虫害に強い株を見つけて種を採り、虫のつかないハクサイにしていくことが目的でもあるので、あえて防虫ネットは使っていません。

▼収穫　一二月中旬くらいから収穫できます。

種採りのポイント

▼母本選び　ハクサイは、他の東洋アブラナと交雑してしまうので、結球がまだ始まらない一一月中旬くらいに母本を選び、一二月上旬頃に一カ所に移植（隔離）します。よく結球するようなものを見きわめてから移植したいところですが、その頃には地温が下がってしまい、移植後に根がつきません。

▼移植の方法　移植する先は、小さなビニールハウスをつくったり、家庭菜園では植木鉢に移植して家の中に入れてしまってもよいのですが、他の東洋種のアブラナ科と一緒にしてしまっては意味がありません。他のアブラナ科の種も採る場合は、それぞれ別の場所に隔離するようにします。植木鉢に移植する場合は、土が乾きすぎないように、たまに水やりをしてください。

また、アブラナ科は自家不和合性といって、自分の花だけでは種をつくれないので、最低二株を移植することが必要です。

私の場合は、多様性を求めるために四〇～五〇株を母本として選抜しています。あまり似た形の株ばかりで種採りを続けると、自家不和合性が働いて種の収量が激減することがあるので、最低でも三〇株は必要となります。同じことを家庭菜園でおこなうのは難しいと思いますが、例えば種採り仲間を見つけて種や母本の交換をしてみるのも楽しいでしょう。そうすることでも、種の収量の安定を図ることができると思います。

▼移植後の管理　移植したハクサイは、一二月下旬くらいにしっかり結球をして、三月くらいにとうが立ちます。移植したハクサイは結球を開く力が弱くなっているので、なかなか開かない場合は、十文字に薄く表面の葉を切ってあげます。

種採り用のハクサイの株

▼授粉の方法　四月のなたね梅雨の頃にハクサイの花が咲きます。私の場合は四〇～五〇株もありますのでミツバチなどの虫に授粉をしてもらいますが、家庭菜園の場合は、はたきなどでそれぞれの株の花をたたいて授粉させるとよいでしょう。

▼種採りのタイミング　六月くらいにさやが乾燥して弾けだします。こうなる前に株元から刈り取り、軒下などで追熟、乾燥させます。

▼種採りの方法　ブルーシートの上などで株ごとはたいて種を採ります。目の細かいふるいでふるってゴミを取り除き、さらに細かいゴミは風で飛ばします。よりわけた種は、半日くらいかき混ぜながら天日に当て、日陰で三日間くらい乾燥させてから、袋や乾燥剤入りの容器に入れて冷蔵庫で保存します。

（関野）

コラム 野菜の種明かし

ハクサイの花芯には白と黄がある

明治になって中国から日本に渡来した、結球白菜の話です。

李家文著・篠原捨喜他訳の『中国の白菜』によると、チンゲンサイのような茎が太くて葉数の少ないナッパ（菘）と、茎が細くて葉数の多いナッパ（蕪菁）とが自然交雑して広い葉で葉数の多い大型のナッパが生まれ、たくさんの葉の中央が白や黄色で半結球の花芯白菜になり、その中から結球白菜が誕生したのが清朝初期と言いますから、日本の江戸時代初め頃のことです。

日本人が初めて結球白菜を目にするのは、一八七五年の東京博覧会に、清国から出品された、三株の「山東《さんとう》白菜」でした（以後しばらくの間、結球白菜のことを山東白菜と呼んでいます。結球しないものを山東菜と呼ぶようになるのはその後のことです）。博覧会終了後、三株のうちの二株が愛知県に払い下げられ、種が採り続けられましたが、なかなかうまく結球しなかったようで、二〇年後の一八九四、五年に、たまたま結球した山東白菜が、名古屋から明治天皇に献上されたという記録が残っています。この結球白菜は、「長さ七八寸（二一〜二四cm）、直径四五寸（一二〜一五cm）の球状をなし、上端わずかに薄黄色なるも他は皆純白にしてアクの気なくかつ柔らかなること比なし」（『農事雑報』一八九九年二月号）ということですから、重さは一kgに満たないでしょう。どうやら今のF_1ミニ白菜程度の大きさだったようです。

愛知に根をおろした山東白菜は、その後野崎徳四郎によって改良され、一九二一年「愛知白菜」と命名され、やがて重さ二・五kgぐらいの「野崎《のざき》白菜」という、播種後五五〜六〇日で結球する早生系ハクサイの誕生につながります。

日清日露の戦争後、中国大陸に渡った兵士によって結球白菜は日本中に知れ渡り、需要が高まりました。そして山東省のハクサイの中でも、「芝罘《チーフー》」とか「包頭連《ほうとうれん》」といった、より大型のハクサイの種が輸入され、日本中で広く栽培されるようになります。

中国からの輸入種子が非常に高価だったため、日本国内でもハクサイ種子の採種が試みられましたが、日本にはいたるところに在来ナッパが花を咲かせていたため、交雑でまともなハクサイの種を採ることが困難でした。そんな中で、芝罘ハクサイを宮城県松島の離島で隔離栽培することで交雑を防ぎ、結球するハクサイの種を採ることに成功したのが渡辺顕二でした。こうして今に続く芝罘系ハクサイ、播種後六〇日で結球する「松島純二号」が、一九二五年に誕生し、宮城県は戦前を通じて全国一のハクサイ王国になります（現在、最も栽培されている固定種ハクサイである七五日型中生の「松島新二号」の誕生は、一九四〇年）。

中生の芝罘と、より大型で晩生系の包頭連との交雑後代から、晩生種の「加賀白菜（金沢大玉白菜）」を生み出したのは石川県の松下仁右衛門でした。こうして、日本のハクサイに、早生の愛知、中生の松島、晩生の加賀という、作型の異なる三タイプのハクサイが揃いました（加賀白菜は、その後大手種苗会社によって「京都三号」と名を変えられ、全国の晩生ハクサイの代表品種となります。他社が育成した品種を仕入れて品種名を変え、自社が育成したように偽って販売するのは今も続く種苗業界の悪慣習で、業界用語で「店頭育種」と言います）。

柔らかく味の良いハクサイから耐病性の強い（従ってあまりおいしくない）ハクサイへと育種の方向が変わるのは、戦後のことです。化学肥料と、大規模単作農業がもたらす連作障害が、その必要性を加速させました。東京世田谷の下山義雄は、芝罘ハクサイの中から、選抜淘汰でモザイク病に強いウイルス抵抗性の「下山千歳《ちとせ》白菜」を育成し（一九五二年農林省登録）、農林省園芸試験場は昭和三一年、キャベツとハクサイから育成した合成セイヨウアブラナのナンプ病抵抗性を松島新二号に取り込んだ「平塚一号」を生み出しました。

これらの耐病性固定種は、現在では販売されていませんが、根こぶ病抵抗性素材であるヨーロッパの家畜用カブなどとともに、耐病性F_1ハクサイを作るための貴重な遺伝資源として、種苗会社の試験農場で保存、利用されています。

F_1ハクサイの登場は、自家不和合性利用による「長岡交配一号白菜」（一九五〇年発売）から始まります。これ以後何百というF_1ハクサイが発表されてきましたが、それまでのハクサイの形状を大きく変えたのが、一九六一年に販売開始された、中央部の葉が白くなく黄色の、黄芯ハクサイ「新理想」でした。

ハクサイの先祖である花芯白菜の時代から、ハクサイの芯には黄色く発色するものがありました。しかし「白菜」の名にふさわしい「白い芯」にこだわってきたのが、日本のハクサイの歴史でした。きっと育成者の鈴木武政は、「うまければ黄色くたっていいじゃないか」と開き直って、F_1の片親に黄色の固体を選んだのでしょう。新理想は、味の良さが認められて大産地茨城の一部に定着しました。しかし、「白いからハクサイだ」と思い込んでいる全国には、なかなか広まりませんでした。

突然ブレイクしたのは、発表から二〇年以上たった一九八〇年代になってからのことです。昔は農家がハクサイを出荷する時は、箱詰めでなく、二株ずつ丸ごと赤い紙で束ねて市場に出していました。仕入れた八百屋も、二個単位で売っていました。これは家庭でたくさんの白菜漬けを漬けていた時代の名残りです。

ところがその年、ハクサイが不作で高値となり、半分に切って売られるようになりました。すると中の黄色い新理想が目を引き、口コミで広がって、「黄色いハクサイはおいしい」という評判が一挙に広まったのです。

これに四分の一カットをポリ袋に入れて売る漬物屋さんが飛びつきました。「大福」という黄芯ハクサイは、一九八五年に完成したF_1品種ですが、当初は「あまり売れないだろう」と期待されず、種を眠らせていたようです。

新理想の種が品薄なのを見て市場に投入されたのは一九八七年ですが、これが飛ぶように売れ、黄芯ハクサイブームに火が点きました。二〇〇〇年代に入ると、F_1ハクサイの新品種は、黄芯ハクサイ以外発表されなくなってしまいました。「ハクサイは白いから白菜なんだ」と言っていた種苗会社も、こぞって黄色いハクサイを育成しはじめていたのです。

収穫期の松島新二号白菜

ハクサイの開花

おかげで、どんなにおいしくても、中の白いF_1ハクサイの種は、つぎつぎ廃盤となり、入手できなくなっていきました。茨城などの大産地では漬物屋さん等の業務用大量需要に支えられた黄芯ハクサイしか作らなくなり、自家用品種は量がさばけないため、見捨てられていったのです。

固定種なら、自家採種で生命をつなげていくことができますが、「F_1は、種苗会社が採種を止めた瞬間に、固定種である両親もろともこの世から消えてしまう存在だ」ということを身をもって味わった品種交代でした。

少子化の現在、デパ地下やスーパーで核家族向けに売れているのが、小さなミニ野菜です。黄芯で、一個三〇〇～五〇〇gという手のひらに乗るようなミニハクサイを「手ごろでかわいい」と買って行く主婦を見ていると、ハクサイが日本に入ってきてからの歴史とはいったいなんだったのか、考えこんでしまいます。（野口）

葉茎菜類（アブラナ科）

キャベツ

◆品種・富士早生

素顔と栽培特性

キャベツの原産地は地中海沿岸、大西洋沿岸地方で、日本へ渡ってきたのは江戸時代末期といわれています。

大型の大衆野菜で、ほとんどが露地栽培。品種改良などにより、周年出荷の優等生。ビタミンC、さらに胃腸障害にも効くビタミンUが多く、アミノ酸組成にもすぐれています。

富士早生《ふじわせ》は、秋まき、春どり栽培の固定種。葉がやわらかで風味良好。サラダなど生食用としても適しています。

育て方のポイント

▼畑の準備　高畝に仕立てておきます。

収穫期を迎える富士早生

生育中のキャベツ

▼直まき・育苗　直まき、育苗のどちらでも栽培可能。直まきの場合、四〇cm間隔で一カ所に三～五粒、種が隠れる程度にまき、本葉が三～四枚になった頃、しっかり育った一株を残し、間引きします。

▼長雨・防虫対策　秋の長雨時、水はけを良くしたり、除草したりするために、畝間に溝を掘り、畝のほうに土をかけます。

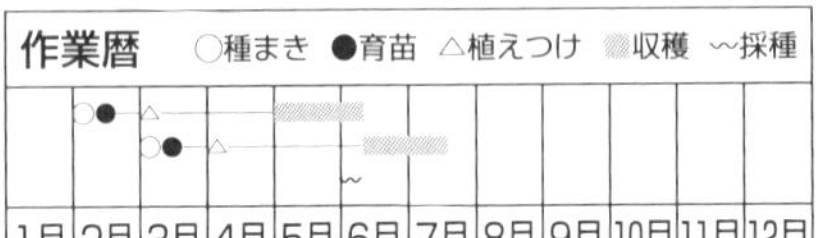

キャベツは害虫の被害を受けやすい作物。秋まき春どり栽培ではヨトウムシ、アオムシ、コナガなどに要注意です。

ヨトウムシは年に二回、四～五月と九～一〇月に発生し、葉を食い荒らします。アオムシは春先、葉の裏に黄色の卵を産みつけ、コナガは小さなまゆをつくります。活動が一時的とはいえ、収穫期と重なり、外葉だけでなく、結球したところまで食べられてしまうこともあります。見つけたら手で取り除くようにします。防虫ネットを張ればよいのですが、

キャベツの植えつけ

ハクサイ同様に虫害に強い株を見つけて種を採り、苗を丈夫に育てていくことが大切だと思っています。

▼収穫　五～六月が収穫最盛期。しっかりと結球したものを収穫します。

種採りのポイント

▼種採りのタイミング　花の時期にカリフラワー、ブロッコリーなど同じ西洋アブラナの作物が近くにないことを確認。開花後、株全体が褐色になったら、ハクサイの場合と同様に茎を株元から刈ります。

▼種採りの方法　ブルーシートの上などで、株ごとはたいて種を採ります。目の細かいふるいでふるってゴミを除去し、さらに細かいゴミは風選で取り除きます。半日の天日乾燥、三日間の陰干し後、紙袋や乾燥剤入りの容器などに入れ、冷蔵庫で保管します。

（石川・長野）

コラム　野菜の種明かし

品種改良で周年出荷のキャベツ

キャベツがヨーロッパで誕生したのは一二〜三世紀といいますから、日本では鎌倉時代のことです。地中海沿岸原産の結球しないケールの中から、一一五〇年頃にドイツで結球するキャベツが生まれ、その後イギリスで赤キャベツや縮緬《ちりめん》キャベツが生まれて、ヨーロッパ全土に広がったそうです。日本には、幕末から明治初期に渡来しました。

ヨーロッパの冷涼な気候で育ったキャベツは、春まきして秋に収穫するのが普通の栽培方法でした。そのため、まず北海道の春まき野菜として定着し、東北や長野など夏涼しい地帯に広まりました。しかし、関東・関西の平野部や西南暖地では、夏の高温多湿時に腐りやすく、夏越しが困難でした。そこで、冷涼地以外では、秋まきして小さい苗で冬を越し、春になってから大きく育って初夏に結球する作型が定着しました。輸送力に乏しい戦前までの暖地のキャベツは、水田の裏作として秋に種まきし、五、六月に八百屋さんに並び、田植え後は姿を消す、季節限定の野菜だったのです。現在のように全国で一年中キャベツが食べられるようになったのは、トラック輸送の進歩と、品種改良技術の賜物です。

輸入種時代の秋まきキャベツには、中生の「サクセッション」や早生の「アーリースプリング」などさまざまな品種がありましたが、これらをかけあわせ、日本の気候に合ったものが固定されて、現在の三季まき「中生成功」や、「富士早生」などの春キャベツに進化しました。また、戦時中台湾の葉深氏から秋谷良三が譲り受けた「葉深《ようしん》」は、耐暑性が強く冷涼地でなくても春まきが可能なため、戦後のF_1時代の育種素材として貴重な存在となっています。

北海道に伝わった春まきキャベツで現在も固定種として残っているものに「札幌大球《だいきゅう》」があります。元来は「レイト・フラット・ダッチ（Late Flat Dutch）」という輸入種で、重さ一〇kgにもなる巨大キャベツとして農業雑誌に取り上げられた時は、うちにも注文が殺到しました。北海道以外では、やはり秋まきして初夏に収穫する作型が良いようです。世界最初のF₁キャベツは、一九八三年に篠原捨喜がつくり、サカタが発売した「ステキ甘藍《かんらん》」でした。「サクセッション」を栄養繁殖で自家不和合性にした母親株に、不和合性でない「中野早生」の花粉を交配した一代雑種です。世界の農業史に輝く成果でしたが、第二次世界大戦中の種苗統制法施行により、広まることなく消えてしまいました。

「自家不和合性」というのは、キャベツなどのアブラナ科野菜に顕著な特性で、自分の雄しべの花粉では、雌しべが受精しないことをいいます。自分の花粉では種をつけないため、隣りに異品種を植えておけば、一代雑種の種子が採れるわけです。「ステキ甘藍」の場合は、腋芽を栄養繁殖で増殖して母親株のクローンを多数作ることで、販売可能な数量のF₁種子を採種できたわけです。

戦後の一九五一年、タキイ種苗の伊藤庄次郎らが中野早生系の「大峰甘藍《おおみねかんらん》」と「サクセッション」とのF₁キャベツ「長岡交配一号」を作りました。戦勝国のアメリカでも注目を浴び、オール・アメリカ・セレクションズ（ＡＡＳ＝全米種苗審査会）で第一席金賞を受賞します。この「長岡交配一号」で使われた自家不和合性個体の増殖方法が「蕾受粉」です。

幼い蕾をピンセットで開き、同じ株の成熟した花を採って花粉を付けると自家不和合性が働かず、一個体のクローンをたくさん生産することができる技術で、こうして採種された種は、すべて同じ遺伝子ですから、何千何万と畑にまかれても、クローン同士では種を結びません。

固定種「大峰甘藍」の中のたった一個体から殖やされたクローンと、「サクセッション」の一個体を殖やしたクローンを並べてまくと、「大峰甘藍」を母親に、「サクセッション」を父親にした一代雑種と、「サクセッション」を母親に、「大峰甘藍」を父親にした種子との二種類の一代雑種の種が実ります。

混ざってしまうと異なった二種類のF₁が出てしまい、均一な野菜の種として販売できませんから、母親役として必要なほうだけ残し、役目を終えた父親役の「花粉親」のほうは、種が実る前につぶしてしまいます。

手先の器用な日本女性による蕾受粉という技術は、

まさに日本のお家芸でした。数十年後、二酸化炭素利用に代わるまで、蕾受粉は、ハクサイ、カブ、ブロッコリーなどすべてのアブラナ科野菜をF_1に変えていきます。

実は今、F_1キャベツの種の生産方法が、今までの「自家不和合性利用」から「雄性不稔利用」へと、大きく変わりつつあります。

例えば、サカタのタネのカタログを見ると、キャベツのページに「金系201」という品種と、「金系201EX」という品種が並んでいます。この末尾にEX（エクストラ）と付けられたのが、新しく開発された雄性不稔利用技術による新品種なんだそうです。タキイ種苗のカタログだと、品種名の最後にSP（スペシャル）と付いているのが雄性不稔のF_1です。（SPとは花粉嚢＝sporangiaの略という説もあるようです）

どちらのカタログにも「EX（SP）は、今までの品種より揃いが良い」と書いてあります。つまり、生育時のバラツキがより少なくなり、市場出荷に際して、選果場で振るい落とされる（つまり金にならない）キャベツがより少なくなったとうたい、価格もそれまでの品種より高くなっています。でも「雄性不稔利用」とは一言も書かれていません（まあ今までの自家不和合性利用にもまったく触れていなかったのですが）。こうして生産者も、流通業者も、もちろん消費者も、誰もなんにも知らないうちに、野菜の中身（つまり遺伝子）が変わってしまっているのです。

雄性不稔利用のF_1は、母親株を花粉が出ない雄性不稔株に変えています（この雄性不稔因子は、ダイコンから取り込んでいます）。雄性不稔とは細胞の中のミトコンドリア遺伝子の異常ですから、雄性不稔の母親から生まれた子ども（つまりできたキャベツ）は、みんな花粉が出ない雄性不稔です。

タマネギ、ニンジン、トウモロコシ、ネギ、ダイコンなどに続いて、キャベツも子どもを作れない野菜に変わりつつあるのです。

（野口）

葉茎菜類（キク科）

シュンギク

◆品種・中葉春菊

素顔と栽培特性

原産地は地中海沿岸で、中国経由で日本に渡ってきたのは鎌倉時代とも室町時代とも言われ、食用にするのは東アジア地域のみです。

無肥料自然栽培で育てた中《ちゅう》葉《ば》春《しゅん》菊《ぎく》は、シュンギクのさわやかな香りはそのままに、いやなえぐみがなく、とても品がよい味になり、生でもおいしく食べられます。おひたしや汁の具、鍋物などにして独特の香気を楽しむことができます。シュンギクが苦手な人も、きっと好きになるはずです。

育て方のポイント

▼畑の準備　秋の長雨に備えて、二〇cm程度の高畝にします。マルチの必要はありません。

収穫期の中葉春菊

▼直まき　春まきはとう立ちしやすいこともあり、秋に土が軽くかぶさる程度に条まきをします。まいた後は、ほとんど何もしません。

▼霜よけ　霜が強くなり出したら、霜よけのために寒冷紗をかけると、長く収穫できます。

▼収穫　適当な大きさになったら収穫します。家庭菜園の場合、草丈一二cmくらいの頃、本葉四〜五枚を残して

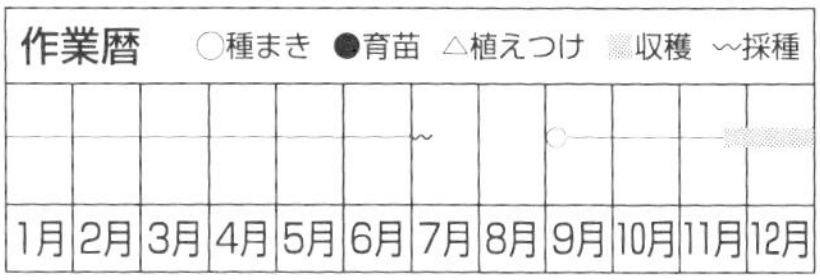

シュンギクの開花、結実

中葉春菊の種

霜よけのため、ビニールトンネルをかける

中心部を摘み、腋芽が一〇㎝くらいに伸びた頃に再度摘み、以降これを繰り返すと長期にわたって楽しむことができます。

種採りのポイント

▼種採りのタイミング　数株を畑にそのまま残しておくと、四月頃に可愛い花が咲き、結実。やがてヒマワリのような感じで種をつけます。花の付け根部分が枯れてきたら、種採りの時期です。

▼種採りの方法　種が落ちる前に摘み取り、日陰に置いて追熟させます。その頃には、手でもむと簡単に取れるようになります。脱粒後、夾雑物を取り除き、風選したり、陰干ししたりします。種は乾燥剤入りのタッパー、ガラス瓶などの容器に入れて保存します。

（関野）

葉茎菜類（アブラナ科）

ノラボウナ

素顔と栽培特性

江戸中期「闍婆菜《ジャバ》」という名で幕府が配付した西洋アブラナが原種です。

ノラボウナはアブラナ科ですが自家和合性で、他のアブラナ科とは交雑しない特性を持っており、種採りのために移植や隔離をする必要がありません。

また、寒さにも強く、花芽の収穫量もコマツナなどの倍近くになり、家庭菜園にはもってこいの品種です。

菜っ葉としてはもちろんですが、春に立つとうは他とは比べものにならないほどの糖度があり、そのまま生で食べても、軽くゆでても抜群においしい。とてもつくりやすいこともあり、全国に広まってほしい春野菜ともいえましょう。

ノラボウナの畑（12月初め）

育て方のポイント

▼畑の準備　秋の長雨に備えて、二〇cm程度の高畝にします。マルチの必要はありません。

▼直まき　畝の幅にもよりますが、うちの畑では、五cm間隔で種を落としていく機械で四条まきをしています。家庭菜園の場合は、条まきをして、間引いていくのでもよいでしょう。

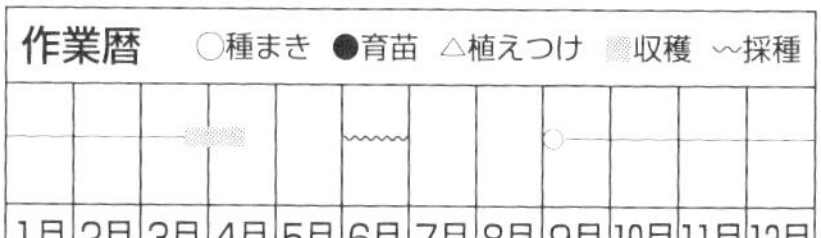

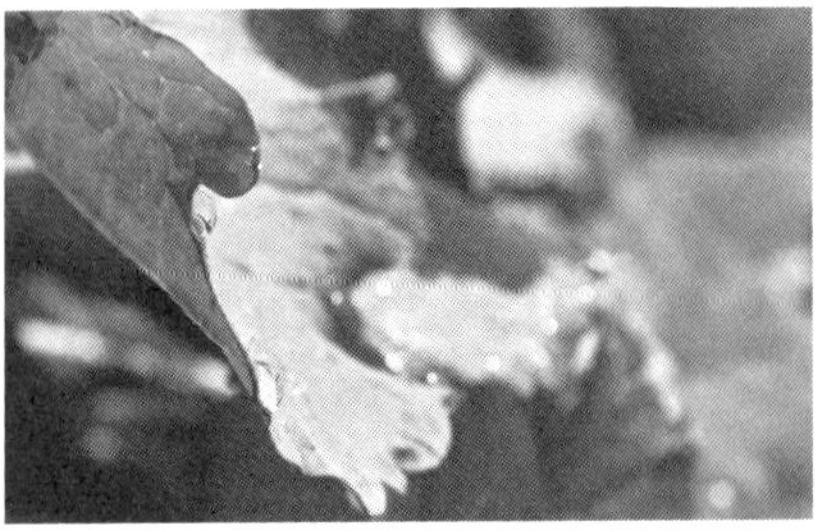
ヨトウムシの被害

ノラボウナの種

ノラボウナは旨くてつくりやすい春野菜

防寒ネットを張り、害虫を防ぐ

▼長雨・防虫対策　秋の長雨時に水はけを良くすることと除草を兼ねて、畝間に溝を掘り、土を畝のほうにかけます。まだ残肥があったり、その他の理由で虫害が心配な場合は、農薬を使わないのでネットを張って害虫を防ぎます。

▼収穫　葉がある程度の大きさになったら、間引きをする感覚で収穫し、残したものは翌年の春、二〇cmくらいにとう立ちしたものを折って収穫します。とうを折った後に出てくる腋芽もおいしく食べられます。最初のとうを生長させすぎると、腋芽が出にくくなりますので、採り遅れないようにしましょう。

種採りのポイント

ノラボウナはアブラナ科には珍しく自家和合性で他との交雑もしないため、移植をする必要はありません。

種の採り方は、ハクサイと同様です。　（関野）

葉茎菜類（アブラナ科）

チンゲンサイ

素顔と栽培特性

すっかりおなじみになった中国野菜のチンゲンサイ。結球しないハクサイの仲間です。栄養価も高く、ビタミンCはハクサイの二倍、カロテンは二〇倍にもなると言われています。

育て方のポイント

▼**畑の準備**　畝幅九〇cm、高さ五〜一〇cmの畝を立てておきます。

▼**直まき**　条間二〇cmで四条まき（四〜七cmに一粒）をします。

▼**間引き**　株間が一〇〜一二cmになるように間引きます。株同士が避け合うので、収穫しながらの間引きもできますが、あまり葉が茂りすぎると、外葉の株から腐りやすくなります。

▼**防寒対策**　霜が降り始めると外葉や葉先が痛みやすくなるので、不織布などをかけます。

▼**収穫**　固定種は生育がばらけることがありますが、草丈が二〇cm程度になり、中が締まっているものから収穫します。

種採りのポイント

チンゲンサイは中国野菜の代表格の一つ

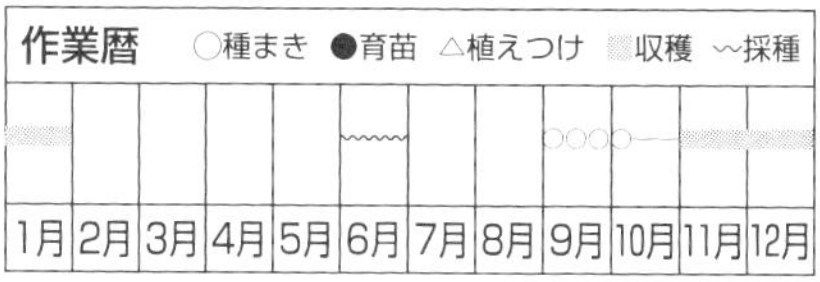

本葉が重なってきたら間引く

チンゲンサイの発芽

チンゲンサイはハクサイの仲間

▼母本選び　虫害がなく、上から見てきれいに葉が広がっているものを選びます。

▼移植の方法　母本を株ごと引き抜き、畝（幅九〇cm、高さ五～一〇cm）に、ちどりで株間四〇cmに植えつけます。

▼移植後の管理　とう立ちして花が咲く前にキュウリ用アーチ支柱パイプを使い、まわりを防虫ネットで囲います。

▼交配の方法　人為的に授粉の手助けをします。

▼種採りのタイミング　さやが枯れたら採種します。

▼種採りの方法　土が入らないように株ごと収穫し、雨が当たらないところで追熟・乾燥させます。乾燥するとさやが弾け始めるので、シートで挟み込んで上からたたき、種を出します。なかなか割れないさやは種が未熟なので、無理に出さなくてもよいでしょう。緩やかに風を当てて、ゴミと未熟な種を選別し、採った種は袋や乾燥剤入りの容器に入れ、冷蔵庫で保存します。

（明石）

葉茎菜類（アブラナ科）タアサイ

素顔と栽培特性

土の上に直接、緑の花が咲いたように葉が広がる中国野菜のタアサイ。地方によっては「チジミナ」「チジミユキナ」などと呼ばれることもあります。

ビタミンやカルシウムなどが豊富で、栄養豊かな緑黄色野菜です。

育て方のポイント

▼**畑の準備**　畝幅九〇cm、高さ五〜一〇cmの畝を立てておきます。

▼**直まき**　条間二〇cmで四条まき（七cmに一粒）をします。

▼**間引き**　地面にへばりつくように平たく葉が広がりますが、わざと狭めの株間にすると、少し立った形で袋詰めしやすく、料理にも使いやすいタアサイができるため、株間が一五〜二〇cmになるように間引きます。

▼**収穫**　立った形のタアサイを間引くように収穫しておくと、残ったものはタアサイの特徴の平たく広がったタアサイが収穫できます。

タアサイの開花

収穫したタアサイ

種採りのポイント

チンゲンサイと同じです。（明石）

作業暦　○種まき　●育苗　△植えつけ　▒収穫　〜採種

1月	2月	3月	4月	5月	6月	7月	8月	9月	10月	11月	12月
▒					〜			○○○—	—	▒	▒

葉茎菜類（ユリ科）
ネギ
◆品種・石倉根深一本葱

素顔と栽培特性

ネギは中国西部や中央アジアの乾燥地帯が原産で、日本にも『日本書紀』などに記載されているほど古くから伝わっていた野菜です。そのため、いまでも日本各地で特徴的な固定種が栽培されています。

収穫期の石倉根深一本葱

石倉《いしくら》根《ね》深《ぶか》一本《いっぽん》葱《ねぎ》は、昭和初期に群馬県前橋市で育成され、品質を保持されてきたネギです。

このネギは、収穫するまでに丸一年以上かかります。また、その株で採った種は、その年の種まきには間に合いませんので、最初は二年連続で種を買ってくることになります。家庭菜園で育てるのは大変かもしれません。

しかし石倉深根一本葱の柔らかさと味は、スーパーでよく見かけるF1種の硬いネギとはぜんぜん違います。生で薬味として使うと、さわやかな辛みと渋みがあり、火を通すとトロリと甘くなります。

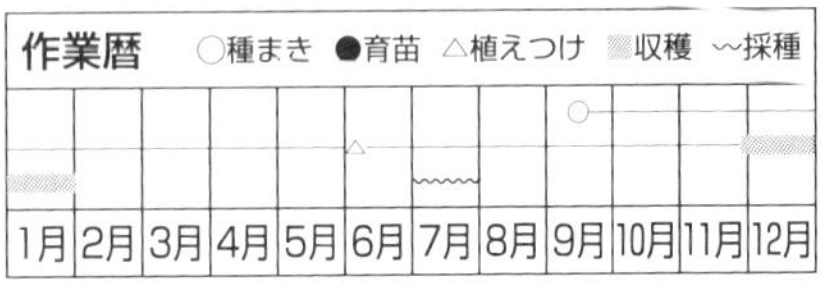

育て方のポイント

▼**畑の準備**　秋の長雨に備えて、二〇cmくらいの高畝に仕立てておきます。マルチは必要ありません。

▼**種まき・育苗**　畑で苗をつくるため、密植させ

数回に分けて土寄せをする

出荷の準備

ハウスで育苗

るように種をまきます。私の畑では九五㎝の畝幅に五条のすじまきをしていますが、家庭菜園ならば、ばらまきをしてふるいをかけた土をかけて軽く押さえるくらいでよいでしょう。

植えつけまでは間引きは必要ありませんが、苗が草に負けないよう、しっかりと除草をします。

▼苗管理　一二月に入った頃、霜対策としてビニールトンネルをかけます。黒ビニールは遮光しすぎ、透明ビニールは夜の保温性と霜に弱いため、さんざん使って汚れた透明ビニールをかけています。そのようなものがない場合は、寒冷紗をかけてから透明ビニールをかけるとよいでしょう。

▼植えつけ　苗の太さが一～一・五㎝になったら、根を傷つけないように丁寧に掘り出し、別の場所にあらためて植えつけます。通常では五月には植えつけますが、無肥料自然栽培の場合は生長が遅いため、六月中旬になります。

五㎝間隔程度に畑に専用の道具で穴を開け、ネギを差し込んでいきますが、ネギは根の酸素要求量が高いため、なるべく浅く植えます。溝を掘って植える場合は薄く土を根元にかけ、土を乾燥させすぎないように、落ち葉や稲わらをかぶせてやってもよいでしょう。

▼**土寄せ**　八〜一一月、数回に分けてネギの白いところが隠れるように土寄せ（畝の間の土を作物の株元に寄せつけること）します。土を寄せると、ネギの根が寄せた土に向かって上に伸びてきます。この根の生長に合わせて、土を数回寄せてあげる感じです。

▼**収穫**　一二月に入ったら収穫できます。株の土の中まで手を入れ、なるべく下の部分を持って引き抜きます。

ネギの開花、結実

ネギの花茎

種採りのポイント

▼**母本選び**　収穫をする時期に、生育の良いものを選んで母本に選びます。

▼**移植の方法**　私は採種用畑に移植しますが、家庭菜園などで場所がない場合はプランターや植木鉢などに植え替えてもよいでしょう。

▼**移植後の管理**　六月頃に花（ネギ坊主）が咲きますが、花には雨を当てないようにするのが大切です。花に雨が当たると、ネギ坊主の中で芽を出してしまいます。

▼**種採りのタイミング**　全体に種が稔実し、さわると種が落ちるくらいになったら、ネギ坊主のまま刈り取ります。

▼**種採りの方法**　ネギ坊主を袋の中で振るようにして種を採ります。風でゴミを飛ばし、日陰で三日間くらい陰干ししてから乾燥剤入りのタッパーやガラス瓶などの容器に入れて保存します。　（関野）

ネギのつくり方ポイント

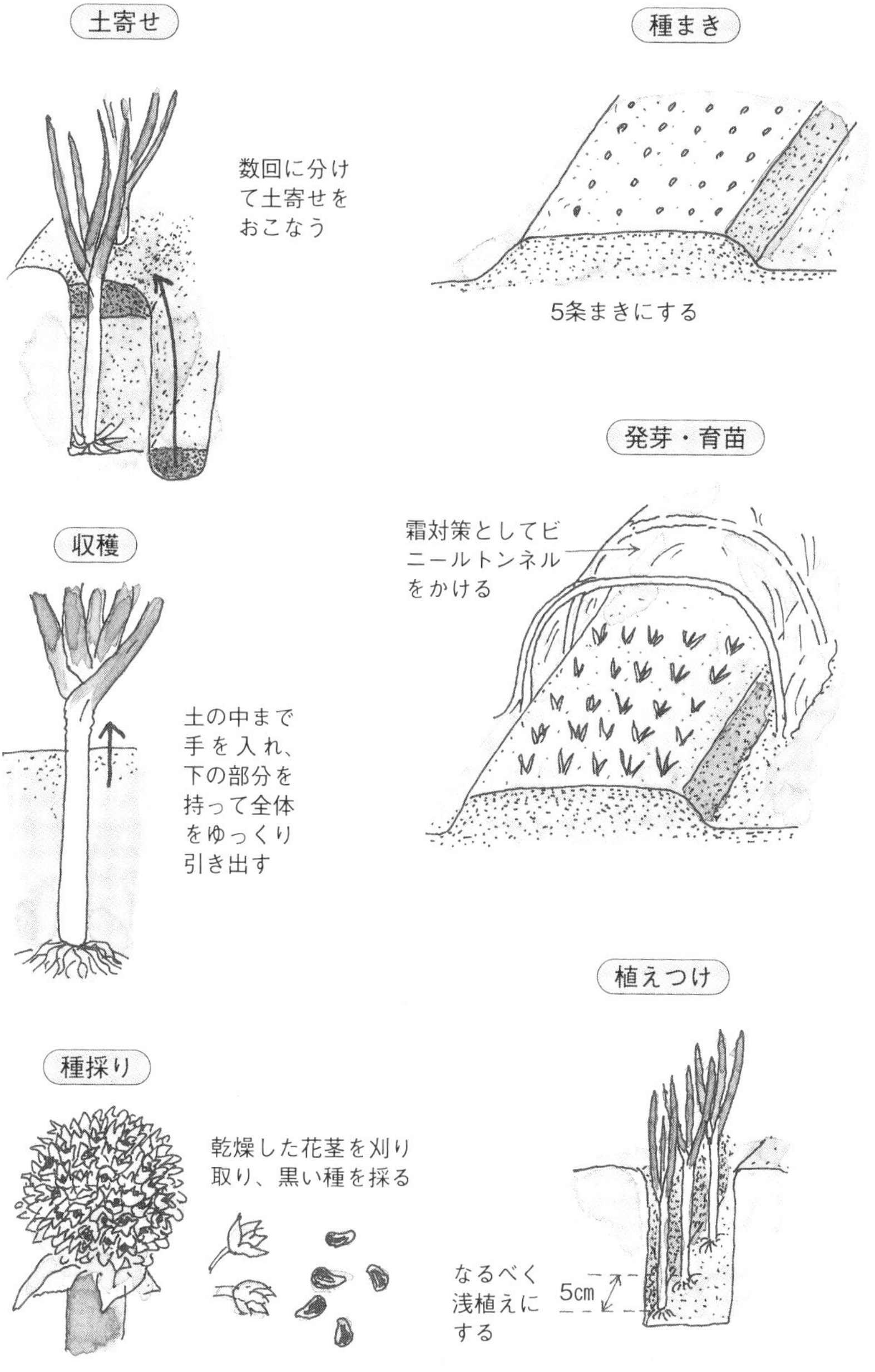
土寄せ
数回に分けて土寄せをおこなう
種まき
5条まきにする
発芽・育苗
霜対策としてビニールトンネルをかける
収穫
土の中まで手を入れ、下の部分を持って全体をゆっくり引き出す
植えつけ
なるべく浅植えにする
5㎝
種採り
乾燥した花茎を刈り取り、黒い種を採る

葉茎菜類（ユリ科）

タマネギ

◆品種・湘南レッド

素顔と栽培特性

湘南《しょうなん》レッドは、神奈川県農業技術センターで育成された赤タマネギで、甘みと水分に富み、辛みや刺激臭、繊維質が少ない生食用のタマネギです。

育て方のポイント

▼畑の準備　畝は、幅九〇cm、高さ一〇cm程度に低めに仕立てておきます。植えつけ後の除草の手間を省く場合には黒ビニールマルチを使用してもよいですが、マルチなしでも十分に生育します。

湘南レッドは他品種に比べ、草勢は強く、根張りも非常に良いため、施肥しなくても十分に生育しますが、施肥する場合、私の畑では約二～三カ月寝かせておいた自家製のぼかし肥（おからと米ぬかを発酵させたもの）を五〇㎡当たり一〇kgほど全層施肥しています。畝の部分だけを施肥する場合には、七割程度に施肥量を抑えるようにします。

▼種まき・育苗　育苗用に、畝幅七〇cm、高さ一〇cm程度の畝をつくります。種は一～二cm間隔程度にばらまきし、種が隠れる程度（およそ五mm）に薄く土をかぶせます。あまり深まきすると、発芽に時間がかかったり、発芽

タマネギの植えつけ

収穫した湘南レッド

作業暦　○種まき　●育苗　△植えつけ　▒収穫　〜採種

1月	2月	3月	4月	5月	6月	7月	8月	9月	10月	11月	12月
					貯蔵可能期間			○●	●●	△	
				▒	▒	▒	▒				
					〜	〜					

タマネギのつくり方ポイント

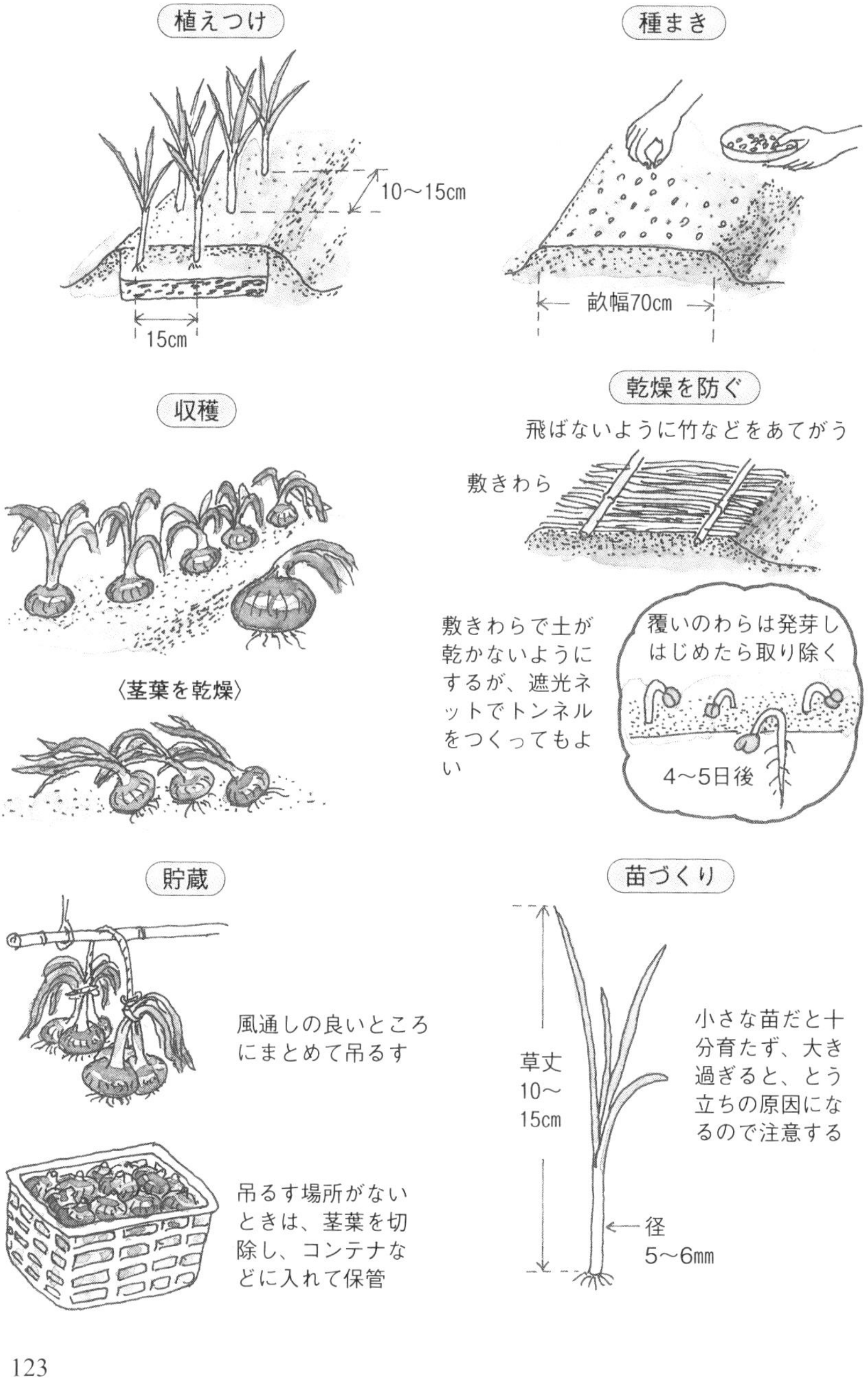
植えつけ
10〜15cm
15cm
種まき
畝幅70cm
収穫
〈茎葉を乾燥〉
乾燥を防ぐ
飛ばないように竹などをあてがう
敷きわら
敷きわらで土が乾かないようにするが、遮光ネットでトンネルをつくってもよい
覆いのわらは発芽しはじめたら取り除く
4〜5日後
貯蔵
風通しの良いところにまとめて吊るす
吊るす場所がないときは、茎葉を切除し、コンテナなどに入れて保管
苗づくり
草丈
10〜
15cm
径
5〜6mm
小さな苗だと十分育たず、大き過ぎると、とう立ちの原因になるので注意する

が揃わなかったりしますので注意します。

種まき後はたっぷりと水をやり、土が乾かないよう敷きわらするか、もしくは遮光ネットを使いトンネルをつくります。発芽までは十分に土を湿らせておく必要があるので、もし土の表面が乾くようなら随時水をやります。種をまいてから発芽するまでには六日間程度かかります。敷きわらや遮光ネットは、十分に生え揃ってから取り除くようにします。時期的にまだ日ざしも強く、早めに敷きわらや遮光ネットを取ってしまうと表面が乾燥しやすくなるため、後から遅れて発芽する種は土から出てくることができないからです。

発芽してから定植するまでには五〇～六〇日間程度かかります。苗のできが収穫をほぼ決定づけるのがタマネギなので、それまでは適宜除草を行い、徒長しないよう十分に管理します。

▼**苗採り**　定植する苗の大きさには十分に注意が必要です。一〇cm前後の小さな苗では、冬場の寒さと乾燥で枯れることがあります。逆に、苗が大きすぎると、春になってとう立ちすることがあります。

適度な大きさの苗を植えつけることが重要です。長さは一五～二〇cm、太さは鉛筆の太さ以下程度の苗がおすすめです。

根を傷めないように、シャベルなどで丁寧に掘りあげ、植えつけまでは根が乾かないように注意します。

▼**植えつけ**　株間一〇～一五cm、条間一五cmで六条に、白い玉の部分まで埋まるような深さに植えつけます。植つけ後は、できるだけ早く根付くよう、水やりを徹底します。

植えつけ適期は一一月中旬～下旬ですが、最近では強い霜が降りるのが遅くなっているため、一二月初旬でも間に合います。それまでに植えつけられなかった場合は、二月下旬～三月上旬くらいに植えつけることも可能ですが、年内に植えつけしたほうが玉の太りは良いようです。

▼**収穫**　五月下旬以降、タマネギの茎が倒れ始めたら収穫時です。全体の三割程度の茎が倒れてきたら、すべて収穫しても問題ありません。収穫時になって水が溜まるほど大雨が降ると傷んでしまう場合

があるので、梅雨入りするまでに収穫を終わらせるようにします。

収穫後は茎を麻ひもなどで束ね、風通しの良い場所に吊るしておけば、一〇月頃まで保存できます。

種採りのポイント

▼母本選び　生育が良く、病虫害に強いものを母本に選びます。

▼移植の方法　一〇～一一月に、保存しておいた母本を株間五〇cm程度に植えつけます。深さは、収穫時のタマネギの深さを目安に、玉が三分の一くらい埋まるようにおこないます。春になると花茎が一五〇cmくらいまで伸びるため、支柱を立てるなどして、風で倒伏しないようにします。

▼移植後の管理　授粉は昆虫に任せることもできますが、人工授粉するほうが確実です。毎朝、手の平で包み込むようにして、素手で花粉をつけてまわります。他の品種も同時に採種する場合には、花粉が他の品種について交雑しないように注意します。

開花時期が梅雨時期と重なる地域では、開花以降は、タマネギの花に雨が当たらないように雨よけをします。

▼種採りのタイミング　上部のさやが開き始め、弾けて種がこぼれそうになってきたら、ネギ坊主の下三〇cmくらいのところで刈り取り、一～二週間くらい追熟させます。

▼種採りの方法　ネギ坊主全体がよく乾燥したら、さやから種をもみ出して、湿気が入り込みにくい容器に乾燥剤と一緒に入れ、冷蔵庫で保存します。

（渋谷）

収穫期の湘南レッド

タマネギの開花

コラム　野菜の種明かし

旨くて健康なタマネギはいずこに

タマネギは、古代エジプトの壁画に残っているほど歴史の古い野菜です。しかし日本で栽培されるようになったのは、明治一〇年代にアメリカから導入されて以後のことです。

アメリカから来たのは、「イエロー・グローブ・ダンバース」と「イエロー・ダンバース」の二品種の種でした。F_1時代になるまで、日本のタマネギのほとんどが、この二品種から生まれた子孫でした。

ダンバースとは、アメリカ東海岸のマサチューセッツ州にある町の名で、一九世紀当時、オニオンタウンと言われたほどタマネギ栽培が盛んな土地でした(現在は出荷用にタマネギをつくっている人は誰もいないそうです)。

一七世紀後半、清教徒のアメリカ移住でイギリスのタマネギがニューイングランドに渡り、栽培されるようになりますが、当初は「コモン・イエロー」つまり「普通の黄色種」だけで、品種とも言えない多様で雑駁な種でした。

これを「イエロー・ダンバース」という品種群に育てたのが、ダンバースの農民たちでした。その中で「コモン・イエロー」と丸い白タマネギの「シルバー・スキン」との交雑種の中から地球のように丸く貯蔵性の高い系統を選抜し、「イエロー・グローブ・ダンバース」に固定したのが、ダニエル・バックストンという人で、その種を販売して広めたのが、グレゴリー種苗会社といわれています。

一八七六年、札幌農学校が開校すると、マサチューセッツ農科大学学長のクラーク博士が教頭として赴任、翌年教え子のウィリアム・ブルックスが、農学教師・農園長として仕事を引き継ぎます。ブルックスは日本にスケート靴を持ってきた人として有名ですが、同時に、寒地の北海道のために、故郷マサチューセッツから「イエロー・グローブ・ダンバース」の種を持ってきて、タマネギの春まき栽培を指導します。

この種を札幌の農民が代々自家採種して、「札幌黄」という、辛いけれど収穫した秋から翌春まで貯蔵できる品種に育てます。こうして今に続く「タマネギ王国・北海道」が誕生しました。

マサチューセッツ生まれの「イエロー・ダンバース」は、青果の形で日本に入りました。一八八二年、神戸の料亭でこのタマネギを見た大阪岸和田の坂口平三郎は、アメリカから種を取り寄せ、苦労の末、秋まきして春収穫したタマネギをまた秋に植え、翌年夏に種を採る方法を見出します。

この種を譲り受けた大阪府泉南郡田尻の今井佐治平は、息子に栽培させ、伊太郎・伊三郎の兄弟は、雑駁だった「イエロー・ダンバース」を早生・中生・晩生の三系統に選抜しました。こうして、秋まきで春～初夏どりタマネギの「泉《せん》州《しゅう》黄《き》」群が誕生しました。

周年供給のタマネギ

「泉州早生」は、平たく小型で早どり用の「貝塚早生」を生み、「泉州中生」は大型肉厚で柔らかく多収の「今井早生」に発展し、「泉州晩生」は「泉州中甲高《ちゅうこうだか》」や「淡路中甲高」、後に貯蔵性もある「大阪丸黄《まるき》」などに変化していきました。こうして「泉州黄」は、北海道以外の日本全国で栽培されるタマネギの、ほとんどすべての親となったのです。

ところで、横浜などにも当然タマネギは入っていたはずです。なぜ神戸に入ったタマネギだけが採種に成功し、産地を形成できたのでしょう？

理由は、タマネギの開花期にあります。タマネギの花は、ネギより遅く梅雨の最中に開花するため腐りやすく、梅雨のない北海道や、少雨の瀬戸内海でないと良い種を結ぶことができないのです。

そのため、戦後アメリカの「スイート・スパニッシュ」と「泉州黄」の雑種後代を固定させて東北で誕生した「奥州」は、雨を避けてハウスで開花させることで種採りに成功していますし、F_1ばかりになってしまった現在でも、最大のF_1タマネギ種子の生産会社は、瀬戸内海の香川県にあります。

F_1タマネギを初めて作り出したのは、やはりアメリカでした。

一九二五年、カリフォルニア農業試験場のジョーンズは、農場の「イタリアン・レッド」という赤タマネギの中に妙な個体を発見します。この花の雄しべの葯《やく》は異常で、健康な花粉を生むことができなかったのです。その代わりこの花は、葱坊主の中の小花に、小さなタマネギ型の小球（トップ・オニオン）を付けました。

ジョーンズは、この小球を栄養繁殖で増やしながら、多種類のタマネギの中で栽培し、「健康なタマネギの花粉なら受精し種を付けるけれど、実った種はすべて花粉が異常で子孫を残せない」ことを確認します。世界初の「雄性不稔」株の発見でした。

現在では、植物の雄性不稔は、人間の男性原因不妊症（無精子症）と同じで、細胞の中のミトコンドリア遺伝子の異常によって起きることがわかっています。ミトコンドリア遺伝子は、母親からしか子に伝わらないため、雄性不稔株を母親にして生まれた子は、すべてが雄性不稔株になるというわけです。

当時世界中に広まったメンデルの法則と、雑種強勢（ヘテロシス）という概念でF_1づくりを模索していた育種関係者にとって、雄性不稔はすばらしい発見でした。なにしろ、雄性不稔株を人為的に増やして母親として利用すれば、かけあわせをするときに必要な「除雄」という面倒な操作をしなくてもよいからです。増やした雄性不稔株のそばに、健康な別の品種を植えておけば、放っておいても望むF_1品種が採種できるのです。

こうして、本来なら自然淘汰で消えていったはずの、無精子症の個体だけが無限に増やされ、世界中がF_1タマネギばかりの世の中になりました。

今では、「札幌黄」も、「泉州黄」も、健康な遺伝子のタマネギは、八百屋でもスーパーでも、もうどこにも売っていません。それどころか今年は、「大阪丸黄」と「今井早生」の、「売れないから採種を停止した」という連絡さえ届いています。おいしい健康なタマネギを自作する道まで閉ざされようとしているのです。

（野口）

葉茎菜類（ヒユ科）ホウレンソウ

◆品種・日本ほうれん草

素顔と栽培特性

日本ほうれん草は、江戸時代からずっと栽培されてきた唯一の東洋系ホウレンソウです。現在一般的なのは明治以降に欧米経由で伝わった西洋系ホウレンソウであり、切れ込みのあるとがった葉を持つ東洋種に比べて、葉に丸みがあるのが特徴です。

日本ほうれん草は、残肥があるうちはよく育ちますが、無肥料自然栽培ではうまく育たない代表でもあります。とにかく秋の長雨をいかにしのぎ、乾燥させた状態を保つかがポイントです。しかし、できた日本ほうれん草は、アクが少なく生でもおいしく食べられます。

育て方のポイント

▼畑の準備　土質への適応性は広いが、酸性土壌では育たない。乾燥を好むので、秋雨に備えて二〇cmくらいの高畝に仕立てておきます。

▼直まき　九月下旬の、地温が十分に下がった頃に直まきします。私の畑では機械で四条まきをしていますが、家庭菜園ならば思いのまま、条まきもしくはばらまきでよいでしょう。

▼収穫　育ったものから収穫します。

収穫期の日本ほうれん草

作業暦　○種まき　●育苗　△植えつけ　▒収穫　〜採種

1月	2月	3月	4月	5月	6月	7月	8月	9月	10月	11月	12月
収穫				採種				○種まき	―	―	収穫

●●●種採りのポイント

▼母本選び　ホウレンソウは雌雄別株なだけでなく、厳密には五種類の株があると言われています。それを見分けるのは難しいので、育ちの良かった一区画をまるごと種採り用とし。収穫せずに残しておきます。

風媒花ですので何もしないでも受粉しますが、周囲のホウレンソウとも交雑してしまうので、その一区画をビニールハウスで囲うなりして隔離し、交雑しないようにすることが必要です。

▼種採りのタイミング　雌株は三～四月にとうを立てて花を咲かせ、実をつけます。受粉後、徐々に茶色くなっていきますが、全体に茶色くなったときには種がすべて落ちてしまいますので、五月頃、茎がまだ緑色で種だけ茶色くなったときに刈り取って取り込みます。

▼種採りの方法　取り込んだものを日陰で追熟させます。

ホウレンソウの種は、ひとかたまりになったヒシの実のようなとがった種です。

ブルーシートなどを広げ、乾燥した枝ごと置いてゴム底の靴で踏んづけます。枝から種の固まりが分かれたら枝を取り除き、さらに種を痛めない程度に踏んで固まりを分け、種を取り出します。あとは大きなゴミは手で除き、小さなゴミは風で飛ばします。

種は、日陰で三日間陰干ししてから、乾燥剤入りのタッパーやガラス瓶で保存します。

（関野）

ホウレンソウのとがった種

ホウレンソウの生育（家庭菜園）

ホウレンソウのつくり方ポイント

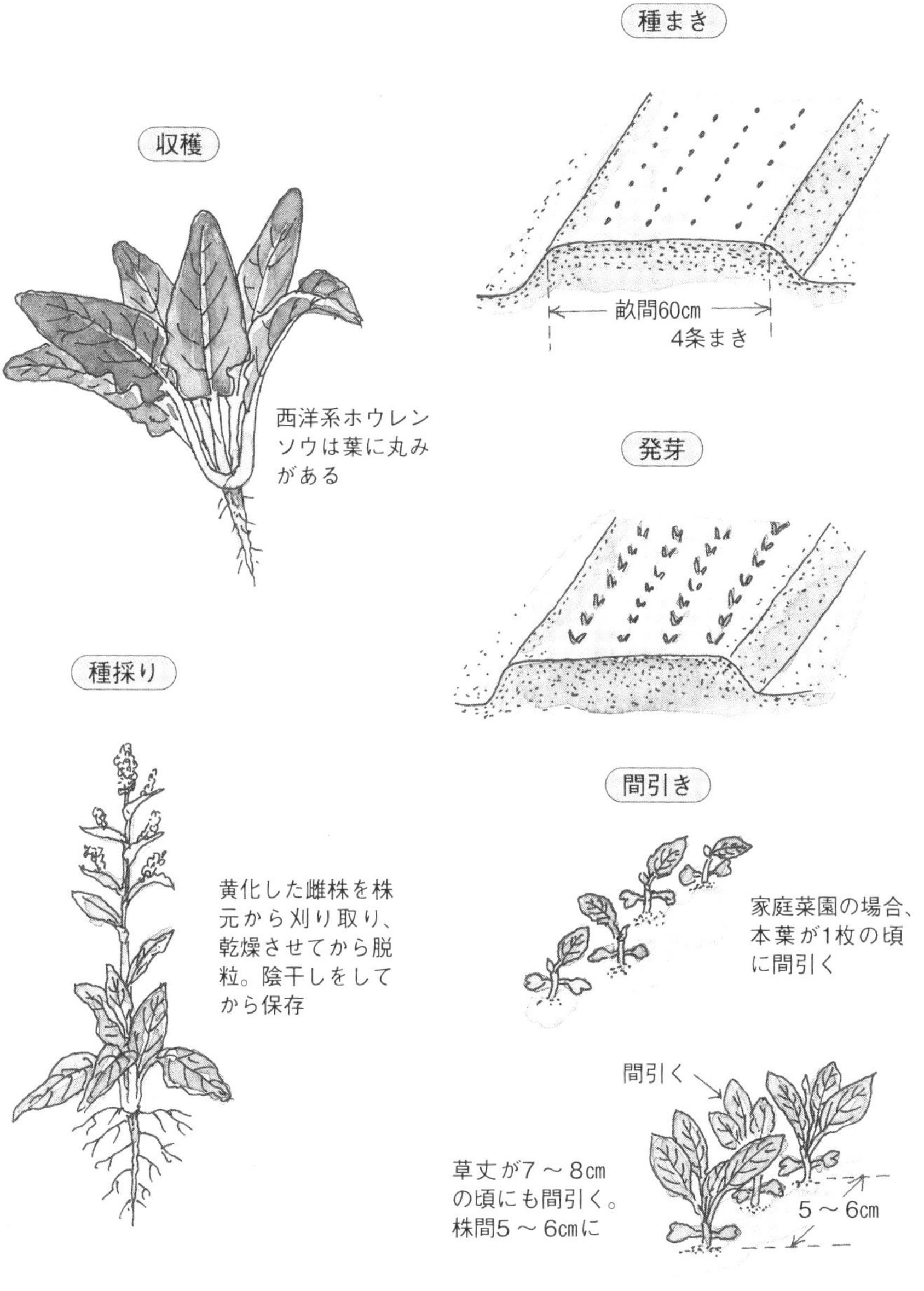
種まき
畝間60cm
4条まき
収穫
西洋系ホウレンソウは葉に丸みがある
発芽
種採り
黄化した雌株を株元から刈り取り、乾燥させてから脱粒。陰干しをしてから保存
間引き
家庭菜園の場合、本葉が1枚の頃に間引く
間引く
草丈が7～8cmの頃にも間引く。株間5～6cmに
5～6cm

コラム 野菜の種明かし

高栄養価のホウレンソウのはずなのに

いままで「ホウレンソウはアカザ科の植物です」と言ってきたのに、これからは「ヒユ科の植物です」と言わなければなりません。DNA解析に基づく新しい植物分類学で、アカザ科が無くなり、ヒユ科に含まれてしまったのです（大場秀章編著『植物分類表』二〇〇九年一一月二〇日刊）。ホウレンソウをアカザ科と表記してきた本は、すべて時代遅れになってしまいました。野菜が変わったわけでもないのに、科学が進むと野菜の所属が変わる。おもしろい時代です。

ホウレンソウはイラン（ペルシャ）原産で、イスラム教徒が世界に広めました。中国には唐代に種が伝来し、北部の寒い地方で栽培され、トゲのある東洋系品種が成立します。英語spinachの語源であるラテン語のspinaは「トゲ」ですから、原種の時代からトゲがあったのでしょう。日本に入ってきたのは、江戸時代初期の一六〇〇年頃と言われていますから、驚くほど後の話です。

江戸時代を通じて日本で栽培されてきたのは、「日本ほうれん草」一系統だけです。種は三角形で先端が針のようにとがり、よく指に刺さって痛い目にあってきました。ホウレンソウの種と言われているのは、実はリンゴの実と同じ果実で、本当の種は、その中に入っている丸くて小さな菜種大の粒です。

この小さな本当の種が、ドライフルーツのような硬い殻を突き破って芽を出すわけですが、よっぽど殻が水分を含んで柔らかくならないと、突き破れません。それで江戸時代から「ホウレンソウは生えぬもの」（『農政全書』）と言われてきました。

また暑さが大嫌いなホウレンソウは、温度が低くならないと発芽しません。ですから夏に入荷したホウレンソウの種を、うちでは一昼夜水に浸け、さらに濡れた布でくるんで、冷蔵庫に何日か置いて発芽試験をしています。冷蔵庫が無かった昔は、布袋に入れて水に浸けた種を、井戸の中に吊るして冷やして発芽させてからまいたそうです。

よく「水に浸けてまいたのに芽が出ない」と言ってくる人がいますが、これは畑が乾いているからで、せっかく水分を含んで柔らかくなった殻が、土に水分を取られてまた固くなってしまい、冷水の刺激で芽を出す準備を始めた中の種が殻を突き破れずに成長を止められて死んでしまうためです。種を水に浸けたら、雨が充分降って畑に水分が行き渡るのを待ってから播種しましょう。

明治になって、外国からさまざまな西洋系ホウレンソウが輸入されました。ホウレンソウは風媒花ですから、日本ほうれん草の近くにまかれた西洋ホウレンソウは、花粉を飛ばして日本ほうれん草を雑種に変えます。

甘みのあるホウレンソウ

こうして関東では「ミンスターランド」との間に「豊葉《ほうよう》」が生まれ、中部では「ホーランディア」との合いの子の「次郎丸」ができ、その次郎丸に戦時中熊沢三郎が中国から導入した「禹城《うじょう》」がかかって関西で生まれたのが「新日本」と言われています。東北で根の赤い系統を選抜して固定した「山形あかね」も、葉は丸葉に近くなっていますから、剣葉の日本ほうれん草となんらかの西洋品種との雑種だったのでしょう。

在来種日本ほうれん草の特徴は、痛い針の種と、先がとがってギザギザ切れ込みがある薄い小さめの葉、寒くなると地べたに張り付いて収穫しにくい草姿、寒くなるほど糖分を貯えて甘味を増す赤い根、アクの無いおひたしにして絶品のおいしさです。

明治以後生まれた雑種系の固定種たちも、種はみな痛いトゲを持ち、日本ほうれん草譲りの味がありますが、うちのお客様に言わせると「豊葉もいいけれど、食べ比べると泥臭い。味で日本ほうれん草に勝る品種は無い」そうです。

しかし、種苗業者の中には、これら針種すべてを「日本ほうれん草」と称し、中には西洋系の血のほうが濃いトゲ無し丸粒の交配種まで「日本ほうれん草」と表示して売っているものまであるようです。

日本ほうれん草という一般名称には誰も権利を持っていませんから、誰がどんな種に付けても違法ではありませんが、品種という概念が崩れてしまうので、心ある種屋なら慎むべきではないでしょうか。

手元に一九四一年秋の「タキイ種苗目録」がありますが、その中に「日本法蓮草」があり、「春蒔最適一代交配　立性厚肉大丸延葉」と書いてあるのを見てびっくりしました。どれも西洋系ホウレンソウの特徴ばかりだからです。もしかして世界初の東洋種と西洋種とのF_1だったのかもしれませんが、「春蒔最適」と書いてあるのに、翌春のカタログからは消えています。前コラムで触れた幻のF_1キャベツ「ステキ甘藍」同様、種苗統制の時代に合わず消えてしまったのでしょうか？

ホウレンソウは雌雄異株の植物ですから、先に抽苔《ちゅうたい》して花芽を伸ばす雄株を取り除く「除雄」作業をし、近くに花粉を提供する異品種を植えておけば、簡単にF_1を作ることができます。こうして作られた品種が販売されだしたのは昭和三〇年代でした。千葉の「豊葉」と暑さに強い「禹城」とのF_1「豊城《ほうじょう》」が最初だったようです。

当時は「ホウレンソウは根が赤く味の良い東洋種に限る」という偏見（？）が強く、味が落ちる丸粒の西洋種はまだ市場で喜ばれなかったのです。

この偏見をひっくり返し、現在の丸粒ばかりの西洋系F_1時代の先駆けとなったのが一九七二年に発表された「アトラス」でした。指定産地制度で周年大量供給を要求された農村にとって、機械で播種でき、立性で収穫しやすく、肉厚大葉で多収の丸粒F_1種は恩恵でした。そして大都市の大型化した市場や、続々誕生したスーパーマーケットは、「味より形の大量消費時代」の形成を促しました。

現在、種苗会社のF_1ホウレンソウの育種目標は、新たなべと病抵抗性品種ばかりです。味が落ち、栄養価が五〇年前の五分の一とか一〇分の一に下がっているのも、当然と言えば当然の結果でしょう。

（野口）

葉茎菜類（アブラナ科）

コマツナ

◆品種・丸葉小松菜

素顔と栽培特性

江戸時代に東京の小松川で改良されたことから、コマツナと呼ばれているといわれています。現在は多くの品種がつくられていますが、丸葉小松菜《まるばこまつな》は、コマツナの元祖のような品種で、ツケナとしても、煮ても炒めてもおいしく食べられます。

肥料なしでもよく育ち、段階まきをしておけば長い間収穫できるので、家庭菜園におすすめです。

育て方のポイント

▼畑の準備　秋の長雨に備え、二〇cm程度の高畝にします。

▼直まき　九月中旬から、二週間おきくらいに段階まきしています。まき方は条まきでよいでしょう。

収穫した早生丸葉小松菜

▼防虫対策　虫害の心配がなくなった頃からまき始めますが、念のため防虫ネットをかけます。

▼収穫　葉がある程度の大きさになったら、間引きをする感覚で収穫します。

種採りのポイント

私の畑では、同じアブラナ科のみやま小かぶと松島新二号白菜を庭で種採りをしているので、コマツナがあると

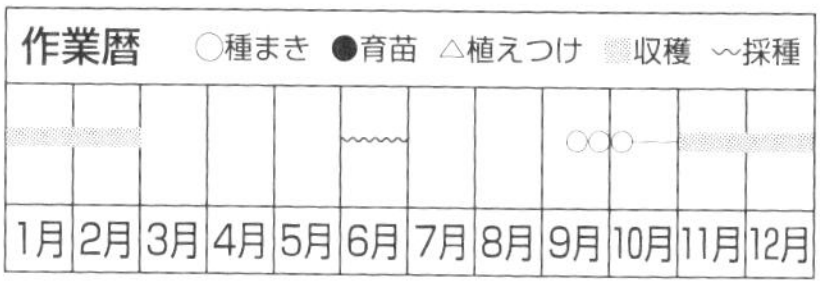

コマツナの開花

収穫したコマツナをコンテナに入れる

収穫間近のコマツナ畑

作業が複雑になりすぎるため、種採りはしていません。

▼母本選び　九月中旬にまいたものから、よく育っているものを数株選びます。交雑の可能性のあるアブラナが近くにある場合、隔離します。

▼移植の方法　根を傷つけないように掘り起こし、採種用の畑や植木鉢などに移植し、ほかのアブラナ科の植物と交雑しないように隔離します。

▼交配の方法　移植したコマツナは、三月くらいにとうが立ち、四月のなたね梅雨の頃に花が咲きますので、虫によって受粉をさせます。

▼種採りのタイミング　六月くらいにさやが乾燥して弾けだします。株元から刈り取り、軒下などで追熟、乾燥させます。

▼種採りの方法　ブルーシートの上などで株ごとはたいて種を採ります。目の細かいふるいでふるってゴミを取り除き、さらに細かいゴミは風で飛ばします。よりわけた種は、半日くらいかき混ぜながら天日に当て、日陰で三日間くらい乾燥させてから乾燥剤入りのタッパーなどで保存します。　（関野）

葉茎菜類　シソ（青ジソ）（シソ科）

素顔と栽培特性

シソはヒマラヤから中国にかけての暖温帯が原産で、中国では古くから栽培されていました。日本に渡ってきたのも非常に古く、縄文時代の遺跡からも種が見つかっているそうです。

かつては野菜としてだけではなく薬用として、また防腐・殺菌作用のあるものとしても用いられ、ずっと日本人の暮らしに根付いてきた作物です。

育て方のポイント

▼畑の準備　畝幅九〇cm、高さ五cmの畝を立てておきます。大変強い野菜で場所を選びませんが、乾燥しすぎると葉が固くなるので、畑の中でもできるだけ低い場所を選ぶとよいでしょう。

▼種まき　シソの種は光に反応して発芽するため、深くまくと発芽せず、発芽させるのが難しい作物です。私の畑では、箱にばらまきをして種がかくれる程度に薄く土をかけて水をやり、半日陰のところに置いておきます。

▼鉢上げ　本葉が出たら、口径六cmポットに鉢上げします。

▼植えつけ　本葉三～四枚になったら、畝に株間五〇cmの二条ちどりに植

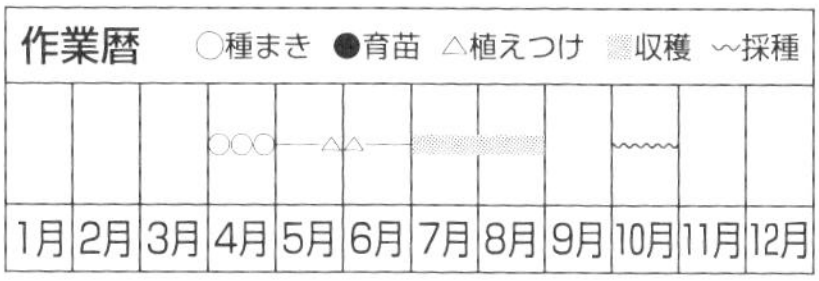

シソの種

シソの葉

青ジソの穂

シソ畑(9月)

赤ジソの穂

えつけます。

▼**収穫**　茎が三〇～四〇cm程度に伸びたら、主軸を収穫します。そうすることで腋芽が伸び、伸びた腋芽をそのつど収穫します。

収穫してきた茎は、水を入れたコップに入れておけば、しばらくは新鮮な状態で使うことができます。

種採りのポイント

▼**母本選び**　虫害がないものを選びます。

▼**種採りのタイミング**　花をつけた穂が下から枯れてきますが、穂先の種が未熟でも、半分以上枯れていれば収穫時です。収穫が遅れると、種が落ちてしまいます。

▼**種採りの方法**　刈り取った穂を風通しの良いところで乾燥・追熟させます。乾燥したものからもみほぐし、種を取りだします。風を使って種とゴミをより分け、種は袋や乾燥剤入りの容器に入れ、冷蔵庫で保存します。

（明石）

葉茎菜類（シソ科）エゴマ

素顔と栽培特性

アジア原産のエゴマは日本でも縄文時代から栽培されており、江戸時代にナタネが広まるまでは搾油植物として重視されていました。

葉は、同じシソ科のシソと比べて日本ではあまり好まれていませんでしたが、韓国ではよく食べられており、近年の韓国食のブーム、またα－リノレン酸を含む健康食品として見直されてきています。

シソとは違う、ミントのような香りがします。シソの代わりの薬味としても使えますし、韓国風に焼き肉を包んだりチジミに入れたり、醤油・トウガラシと一緒につけ込んだりして食べてもおいしく食べられます。とは言え、それほど大量に食べられるものでもないので、家庭菜園では一～二株あれば十分でしょう。

湿気を好む植物で、また痩せ地でもよく育ち、無肥料ならば虫もつかないため、無肥料自然栽培には適した作物です。

育て方のポイント

▼**畑の準備**　畝に透明マルチをかけておきます。

▼**直まき**　六〇cm間隔で一カ所に三

見直されるエゴマ

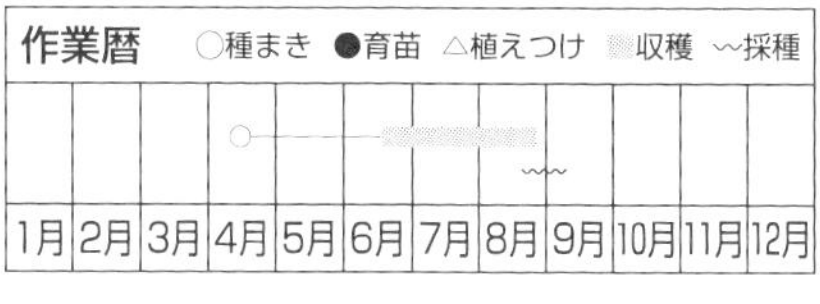

エゴマは1～2株あると重宝する

エゴマの種を採る

キムチの材料にもなるエゴマの葉

エゴマの穂

粒、土がかかる程度に浅くまき、鳥よけのために本葉が出る頃まで寒冷紗をべたがけしておきます。

最終的に一株になるように間引きますが、間引き以外は何もしないでも大丈夫です。

▼**収穫**　高さが六〇cmくらいになったら、柔らかそうな葉から収穫します。

種採りのポイント

▼**母本選び**　生長の良いものを母本に選びます。

▼**移植の方法**　シソと交雑するので、必要ならば移植（隔離）します。

▼**移植後の管理**　種はスズメなどの大好物なので、防鳥ネットをかけておきます。

▼**種採りのタイミング**　種の色が変わってきたら穂ごと刈り取り、ブルーシートの上などに置いて日陰で追熟させます。

▼**種採りの方法**　十分熟したら自然に種が落ちてきます。採った種は、かき混ぜながら半日天日で干し、一週間陰干しし、乾燥剤入りの容器に入れて保存します。

（関野）

第4章

旨い根菜類の固定種とつくり方のコツ

宮重総太大根は早生種で青首ダイコンの代表格

根菜類（アブラナ科）

カブ

◆品種・みやま小かぶ

素顔と栽培特性

みやま小かぶは、埼玉県飯能市の野口のタネ・野口種苗研究所が東京の在来種の二系統をかけ合わせてつくった、小さな丸い形になる固定種です。しっかりと詰まった甘みのある肉質で、生でも柔らかくおいしく食べられます。また葉も、F_1種のコマツナよりもよほどおいしい菜っ葉となります。防虫対策と間引きのタイミングさえ間違えなければ、無肥料自然栽培でも育てやすい作物です。

育て方のポイント

▼畑の準備　秋雨に備えて、高めに畝を仕立てておきます。マルチの必要はありません。また、防虫ネットをかける準備もしておきます。

みやま小かぶの種

収穫したみやま小かぶ

▼直まき　私の畑では収穫期を伸ばすために、九月上旬と中旬の二回まきますが、家庭菜園の場合は虫害が少なくなる九月中旬がおすすめです。それでも防虫ネットはかけておいたほうがよいでしょう。

一五cm間隔で一カ所に三粒まき、根が肥大し始める前の本葉が二枚になる頃に、一株になるように間引きます。本葉が出れば、葉の緑色が強く丸いも

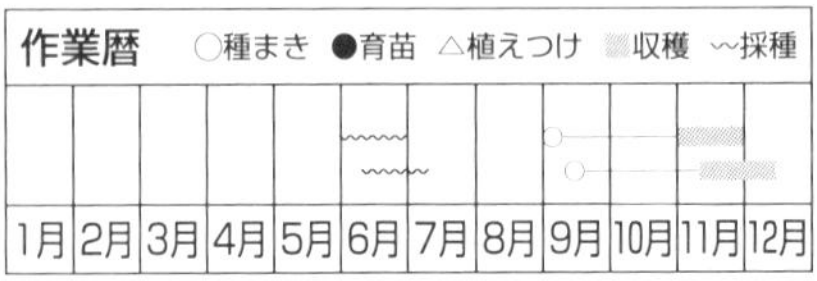

収穫間近のカブ

みやま小かぶの生育

みやま小かぶは甘みのある肉質

防虫ネットをかけておく

のはコマツナが、葉が細くなっていたらミズナがかかっているなど、交雑しているものは見ればわかりますので、そういうものを間引きます。

▼**収穫**　カブの大きさが五～七㎝くらいが食べ頃です。葉の柔らかいうちに収穫すると、葉も食用として利用できます。

種採りのポイント

▼**母本選び**　カブの形が少し扁平で肌つやが良く、茎の根本が締まっているものを選びます。

白菜と同じで母本の理想の数は三〇株以上ですが、家庭菜園の場合は、種採り仲間と母本や種の交換をしてみるのもよいでしょう。

▼**移植の方法**　移植するときは、葉を五～一〇㎝残して切り落とし、あまり深植えしないように植えつけます。

移植した後は、ハクサイやノラボウナと同じです。

（関野）

コラム 野菜の種明かし

カブとナッパの昔と今

「ナッパは、アメリカやヨーロッパには無い」と言ったら、驚く人も多いのではないでしょうか。

試しに和英辞典で、「ナッパ」や「菜」の英語を調べてみてください。「greens」と出ますね。手元のアメリカの「The Vegetable Gardener's BIBLE」を見ると、「greens」の項には、ルッコラ、エンダイヴ、マスタード（カラシナ）、トレビス、それにアカザ科のオレチぐらいしか載っていません。小松菜や山東菜、野沢菜やチンゲンサイなど、私たち日本人にとって、野菜の代名詞と言ってもよいナッパは、欧米には無いのです。

辞書によっては、「菜種」という項目が付随していて、「rape」という物騒な英語が出て来ることもあります。菜種は、正確にはレイプシードと言います。家庭菜園で一般的な肥料の油粕は、「レイプケーキ」（菜種油をしぼったカスです）。菜の花は「レイプフラワー」です。

レイプとは、西洋油菜（Brassica napus）のことで、日本のナッパたち（Brassica rapa）とは、染色体の数も違う異品種です。欧米では、西洋油菜を食用として利用せず、菜種油を機械油として利用したり、家畜の飼料用に使ったりしていました。

今、日本の食油原料として輸入された遺伝子組み換えの西洋菜種が、国内各地にこぼれて自生し始めていたり、燃料需要が世界的に増大した結果、値上がりして食用油やマヨネーズの価格アップが問題になっています。ナッパの国・日本は、もっと身近なナッパを食用油に利用し続けるべきだったのではないでしょうか？

西洋油菜は、もともと小麦畑のやっかいな雑草だったそうですから、旺盛な繁殖力がレイプという名の語源になったのかと思いましたが、ものの本によるとそうではなく、ラテン語の「Rapa」、つまり現代イタリア語の「カブ」が、語源だそうです。

カブもナッパも、植物としての学名は「Brassica rapa」です。ナッパもハクサイも、もとはカブから生まれたのだそうです。カブこそナッパの親、ハクサイの祖先なのです。

さて、カブの原産地は、地中海沿岸と言われています。東にたどったカブは、中国で葉が改良されて山東菜や結球白菜に変化しました。それより以前、日本にたどりついたカブは、奈良時代に朝廷の庇護を受けて、五穀についで重要視され、全国各地に多種多様な伝統カブを生み出しました。

うちで販売している伝統カブの種だけでも、北から北海道の大野紅《べに》カブ、山形の温海《あつみ》カブ、岩手の暮《くれ》坪《つぼ》カブ、新潟の寄居カブ、東京の大長カブ、長野の木曽紅カブ、滋賀の日野菜や万木《ゆるぎ》カブ、京都の酸茎菜や聖護院《しょうごいん》大カブ、大阪の天王寺カブ、奈良の今市カブ、島根の津田《つだ》カブ、博多の据《すわ》りカブなどなど多士済々です。世界の植物学者から「日本はカブの第二の原産地」と言われるくらい、日本はカブ王国だったのです。

また、カブはナッパの親ですから、いろいろなナッパと自然交雑して、カブ菜と言われる根がカブ状のナッパも生み出しました。天王寺カブと信州の地野菜が交雑して生まれた野沢菜はその典型です。

地中海生れのカブが西に渡ったヨーロッパでは、カブはこれほど進化しませんでした。ロシア民話「大きなカブ」は、日本でも有名ですが、キリスト教社会では、カブやダイコンなどの根菜類は、農奴や家畜の食糧として、低く見られ続けて来たようです。

うちでは、今年も自慢のカブ「みやま小かぶ」の種採りが始まりました。九月に種をまき、一二月にいったんできたカブを引き抜いて選別し、植え直して四月に菜の花を咲かせ、種が熟したら抜いて乾燥し、ゴミを除いて販売します。

一昨年までは、種まきから箕《み》でゴミを除くまでのこうした作業を、ほとんど採種農家に頼んでいました（種採り株を選ぶ選別作業だけは、私たち種屋がしますが）。

採種農家が住む「交雑するおそれのない山間地」は、生業を育林に頼って来た林業地帯です。それが今や安い外国材に押されて、若い人はみんな都市に流れ、老人所帯だけになってしまいました。

最後の採種農家の老人が二〇〇七年に亡くなった後は、種を採り続けるためには、山間地の畑を借り、

金枡に入ったみやま小かぶの種

種を取り出し、ふるいにかける

自分で畑を耕して、種まきからゴミの除去まで、すべて自分でするしか、国内で種を採る方法がなくなってしまいました。

現在、国内で販売されている種の多くは海外採種になっています。日本のカブやナッパなど見たこともない外国の農家の手で、種が採り続けられていることには、危機感を持たざるを得ません。

しかし、そんな中でも明るい話があります。最近、若い日本の農業者の中から「種を見直そう」「日本の野菜の種を自家採種して地域に残そう」という動きが生まれつつあります。中には、無肥料自然栽培で種を採り、無肥料無農薬で育っていた時代の、生命力の強い、昔のおいしい野菜に戻そうと実践している、埼玉県富士見市の関野幸生さん（本書の共著者）たちのグループも生まれています。カブやナッパの古くて新しい旅が、また始まろうとしているようです。

（野口）

根菜類（アブラナ科）ダイコン

◆品種・三浦大根

素顔と栽培特性

三浦大根は、神奈川県三浦半島で練馬大根からつくられた固定種です。根長が五〇cmになる大型の晩生種で、首が地上に出ずに深くもぐるので寒さに強く、畑に置いたまま貯蔵できるので、家庭菜園向けです。

なますに用いられますが、肉質がしっかりしていて煮崩れしないので、煮物などにも向いています。

育て方のポイント

▼**畑の準備**　秋雨に備えて、やや高めに畝を仕立ててておき、透明マルチをかけておきます。

▼**直まき**　私の住む埼玉県富士見市周辺では、無農薬栽培で三浦大根をまくのは九月一〇日～一五日と決まっています。これ以上早いと虫害が出、これ以上遅らせると生育不良を起こすということからです。

三〇～四五cm間隔で一カ所に三粒まきますが、ダイコンの場合は浅まきではなく、二cmくらいの深さにまくことが大切です。乾燥した状態でも発芽しますが、そのような状態だと側根を出してしまい、それも太らしてしまうため、又根になってしまいます。

三浦大根は大型の晩生種

作業暦　○種まき　●育苗　△植えつけ　▒収穫　〜採種

1月	2月	3月	4月	5月	6月	7月	8月	9月	10月	11月	12月
▒	▒					〜	〜	○			▒

▼**間引き**　間引きを焦らず、葉が触れ合う状態を保てるように一〇月中～下旬に間引きをします。
三浦大根は葉が寝ており、葉の切れ込みが強いので、そういうものを残して間引きます。他のダイコンと交雑している苗は総じて生長が早いので、見た目でわからなければ生長の早すぎるものから間引いてしまってもよいでしょう。
▼**土寄せ**　間引きが終わった頃に、畝間に溝を切るイメージで土を畝に寄せ、三〇cmくらいの高畝になるようにします。大事なのは、秋の長雨で畝が水没してしまわないことです。それでも水がたまってしまった場合は、畝間を支柱などで突き刺して穴を開けたりもします。
▼**収穫**　葉が黄ばんでくる一二月中旬くらいから、二月に入ってとうが立つ寸前まで収穫できます。

収穫直後の三浦大根

さや入りの種（三浦大根）

種採りのポイント

▼**母本選び**　生長や形が良く、水に沈むもの（すが入っているものは水に浮きます）を最低二株母本に選んで移植します。私の場合は、ハクサイと同様に四〇～五〇本を母本選抜しています。
▼**移植の方法**　通常は、三〇～四〇cm間隔で、ダイコンが斜めになるように植えますが、場所がない場合は、側根を二～三本残して下を切り落とし、葉も一〇cmを残して切り落として、切り口が乾いたら、側根がしっかりと土に隠れるように首元までプランターなどに植えつけます。
移植した後は、白菜やノラボウナと同じですが、ダイコンはさやが硬いので、一つひとつペンチなどで割って種を取りだします。

（関野）

ダイコンのつくり方ポイント

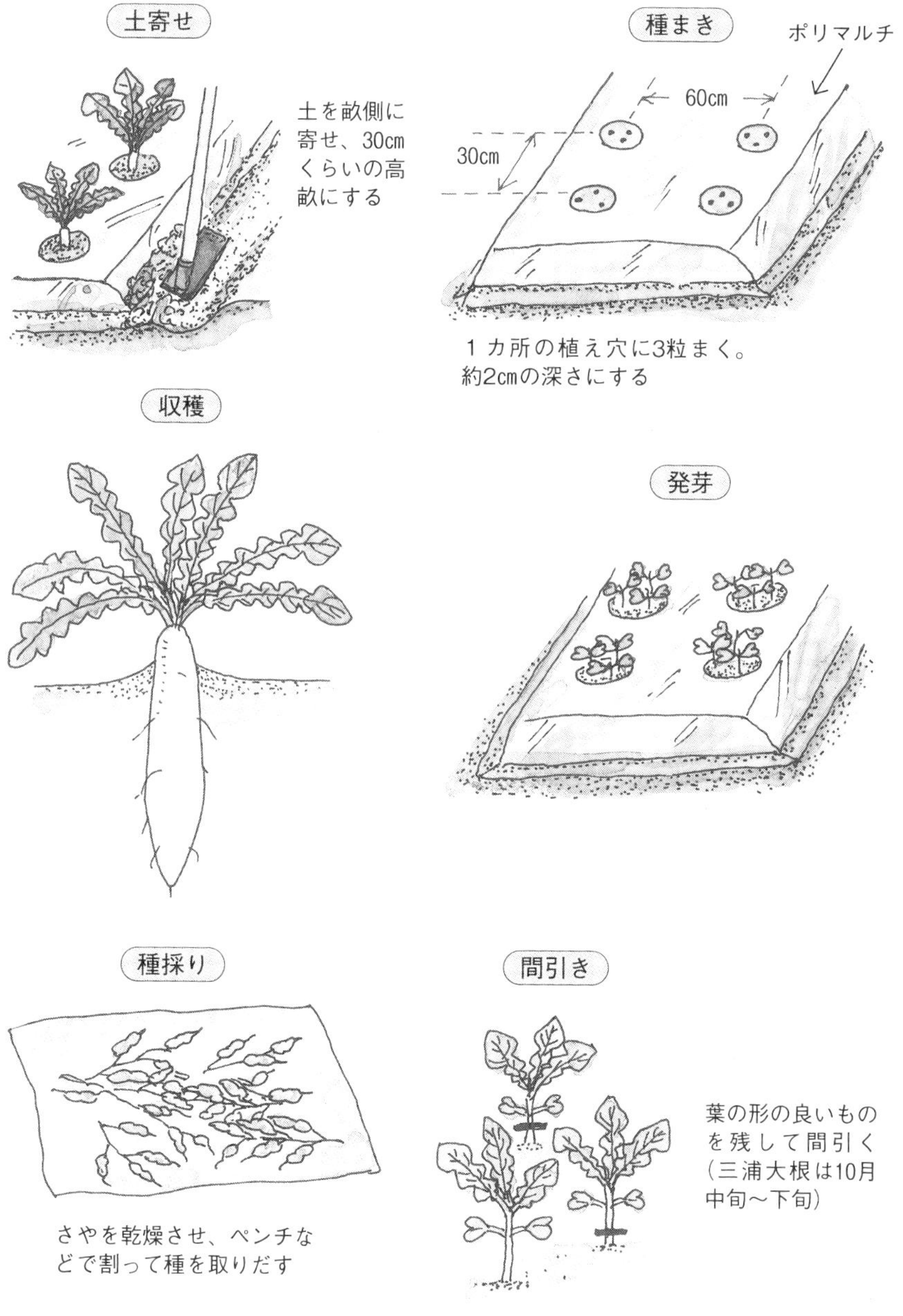
土寄せ
土を畝側に寄せ、30cmくらいの高畝にする
種まき
ポリマルチ
60cm
30cm
1カ所の植え穴に3粒まく。約2cmの深さにする
収穫
発芽
種採り
さやを乾燥させ、ペンチなどで割って種を取りだす
間引き
葉の形の良いものを残して間引く（三浦大根は10月中旬～下旬）

根菜類（アブラナ科）

ダイコン

◆品種・宮重総太大根

素顔と栽培特性

宮重総太大根《みやしげそうぶとりだいこん》は中国から渡ってきた青首系大根と、日本の在来種である方領《ほうりょう》大根が交雑して生まれた品種で、室町時代にはすでにあったと言われています。現在スーパーなどで一般的に見られるF_1種の青首大根の原形です。

早生品種なので収穫期が短く、すが入りやすいのが欠点ですが、肉質が緻密で煮崩れせず、またさわやかな辛みがあるためダイコンおろしにしてもおいしく、また水もあまり出ません。

ちなみに私の家では、すが入ってしまったダイコンは一cmくらいの輪切りにして天ぷらにします。すの入っているところからも油が入り、全体にパリッとしておいしく食べられます。

宮重総太大根は万能型の品種

育て方のポイント

▼畑の準備　三浦大根と同じで、やや高めに畝を立てておき、透明マルチをかけます。

▼直まき　秋まきの場合、九月下旬までまけます。二cmくらいの厚さに覆土します。

▼間引き　本葉が五〜六枚になったら一本立ちになるように間引きます。

作業暦　○種まき　●育苗　△植えつけ　▒収穫　〜採種

1月	2月	3月	4月	5月	6月	7月	8月	9月	10月	11月	12月
						〜		○○	―	―	▒

出荷前の宮重総太大根

ダイコンの発芽

本葉が重なってきたら間引く

色が黄色っぽくなっていたり、双葉が揃っていなかったりするものを間引くようにします。

▼土寄せ　間引き後に畝間に溝を切るようにし、土を畝側に寄せます。

▼収穫　一一月下旬から収穫できます。宮重総太大根は、三浦大根と違って地上に突き出てくる部分が長いこともあり、抜きやすくなっています。採り遅れるとすが入ってしまいます。

種採りのポイント

三浦大根と同じです。

（関野）

種採り用の株に防虫網をかけておく

ペンチで割って種を取り出す

根菜類（アブラナ科）
ラディッシュ

素顔と栽培特性

廿日《はつか》大根とも呼ばれる小さなダイコンで、明治初期にヨーロッパから導入されました。赤くて丸い形のものをよく見かけますが、色もピンクや白、紫、形も細長いものなど、様々な種類があります。いずれも短期間で収穫でき、家庭菜園向きの作物です。

育て方のポイント

▼畑の準備　畝幅九〇cm、高さ五～一〇cmの畝を立てておきます。

▼直まき　条間一五cm、五条ですじまきします。

▼間引き　適宜に間引き、株間を三～四cmにします。

▼収穫　少し混み合っても互いに避け合って生長するので、大きいものから収穫していきます。

とう立ちが早く、す入りして、中がふかふかしやすいため、取り始めてから二週間程度が収穫期間となります。

種採りのポイント

▼母本選び　株に割れがなく、上から見て葉の形がきれいなものを選び、収穫せずに残しておきます。

サラダ用として人気のラディッシュ

▼種採りのタイミング　さやが枯れたら株ごと抜くか、枝を切り取って収穫し、風通しの良いところで乾燥させます。梅雨時期と重なりますが、晴れた日に収穫します。

▼種採りの方法　他のダイコンと同じです。

（明石）

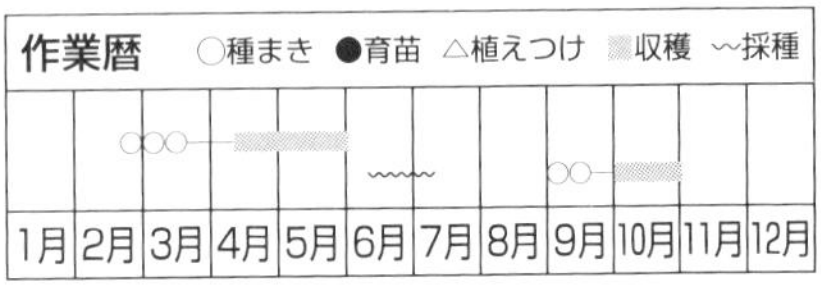

コラム　野菜の種明かし

青首大根と個性派の地方品種群

ダイコンは、小さなハツカダイコン（ラディッシュ）と同じ野菜ですが、欧米の種苗会社のカタログでも「Daikon」と表記されているぐらい日本で独自に進化した、日本を代表する野菜です。

原産地の地中海沿岸は、古代から除草すらしない粗放的農業地帯だったそうです。現代で言う不耕起自然農法の時代が長かったのと、根菜を重視しないカトリック社会が長く続いた結果、欧米のハツカダイコンは、紀元前二七〇〇年のピラミッドの碑文に記録された時代から今まで、ほとんど大きさが変わらなかったのでしょう。

中国南部を経由して比較的大柄のダイコンが日本に渡来したのは弥生時代のようです。

まだ文字が無い時代に入って来たダイコンは、大和言葉で「オオネ」と呼ばれて日本に土着しました。『古事記』の中で、五世紀の仁徳天皇に皇后の腕の白さになぞらえて歌われたダイコンは、奈良時代の七六二年にはひと束が米一升と等価だったという高級野菜でした。

オオネに「大根」の字を当てたのは平安時代の『和名抄』（九二二～九三〇年）ですが、これ以前から上流階級の嗜好にあわせて様々な品種改良が進められていたのでしょう。

時代が下って江戸時代の『農業全書』（宮崎安貞・一六九六年）には「その種子色々多しといへども尾張、山城、京、大坂にて作る勝れたるたねを求めて植ゆべし」とありますから、中部や近畿では既に品種として固定された種子が流通していたのでしょう。

中でも尾張のダイコン種子の評価が高く、青首ダイコンの「宮重」は、京都に渡って丸い「聖護院《しょうごいん》大根」に変わったり、江戸で「練馬大根」になったと言われています。

最近の江戸野菜の本はどれも練馬の元は宮重と書いてありますが、江戸では青首を嫌ってきた歴史が長いので、同じ尾張ダイコンでも白首で葉の形も似ている「方領《ほうりょう》大根」と練馬の在来品種との交雑だ繚乱でした。

それを一挙に変えてしまったのが、一九七四年に発表されたF_1青首ダイコンの「耐病総太り」です。

耐病総太りは、それまでの青首ダイコンを大きく変えるものでした。病気が多発している畑から選抜した、耐病性が強くス入りが遅い「宮重長《ながぶと》太大根（青首）」と、暑さに強い「黒葉みの早生大根（白首）」との雑種をまず固定し、これに、根の止まりが良い「宮重総太大根（青首）」と、また別のダイコンとの雑種を固定したものをかけ合わせた四元交配種でした。

四元交配というのは四品種の特徴をひとつにしたということです。親品種が四つあるということは、遺伝子が多様性を持っているということで、形が揃いにくく均一性に欠けるという欠点にもつながるのですが、雑種である両親の生命力が旺盛で、販売用種子が大量に採れるという経営上の利点もあります。

こうして販売開始された耐病総太りは、全国で喜んで迎えられました。固定種の硬くて辛い（煮ると甘くなる）ダイコンと違って、甘く柔らかくみずみ

ろうという説もあることを付記しておきます。

江戸で好評を博した練馬大根は、参勤交代の武士に国元に持ち帰られたり、江戸で発生した種屋から行商人によって全国に販売されたりしました。

種屋の誕生は全国の地方品種の流通も促します。他国に買われたダイコンの種子は、土地土地の気候風土に合わせて変化したり、もともと地域にあった地大根と交雑したりして、二〇〇種類以上と言われる日本のダイコン品種群が誕生しました。

現在、鹿児島のデパートで一個八〇〇〇円で売られているという、直径三〇cm、重さ三〇kg以上にもなる巨大な「桜島大根」や、直径三cmと細くて根が一・八mにも伸びる「守口大根」なども江戸時代に生まれた、世界に誇る貴重なダイコンです。

明治以後も練馬大根から「大蔵《おおくら》大根」や「三浦大根」が生まれるなど、地方の篤農家によって特徴あるダイコンが次々に誕生し、種苗会社によって全国に広まっていきました。これら固定種のダイコンはウイルス抵抗性が強かったり、貯蔵性が高かったり、郷土料理に適した味が賞味されたりして多彩で百花

ずしく、通常三ヵ月かかって大きくなるのに、二ヵ月で成長しました。おまけに、耐病総太りは、なんといつまで畑に置いてもスが入らずに成長し続けたのです。それまでのダイコンは、収穫適期を逃すとス入りという根の中に空洞ができる症状が出て、商品価値が無くなってしまうので、適期に抜いて干して漬物にしないと保存できなかったのです。

甘くてス入りしない耐病総太りは、あっという間に全国のダイコンをF_1青首ダイコン一色に塗り替えてしまいました。それは、かつて「青首は、漬けた時黒ずんで汚い。沢庵は肌が均一できれいな白首に限る」と言っていた江戸っ子まで巻き込んで、練馬大根さえ市場から消し去ってしまいました。

その後、耐病総太りの揃いの悪さは、箱に合わず出荷できないダイコンも多いということで産地から嫌われ、市場に出回るのは他のF_1青首ダイコンばかりになりましたが、家庭菜園を中心に今も作り続けられています。

在来地ダイコンの中で、育種素材として最近種苗会社の注目を集めているのが、小瀬菜大根という宮城の葉ダイコンです。根は小さくて硬く、食べてもおいしくないのですが、一mにも伸びる葉が漬物にして東北の冬の保存食に使われてきました。この小さくて硬い根が、ダイコンやカブ、ナッパの大敵である根こぶ病菌を取り込んで殺してしまうのだそうで、ハクサイなどを栽培する前二カ月ぐらいの間栽培して株ごと畑に敷き込むと、根こぶ病菌がいなくなるというので「おとり（囮）葉大根」の名で売っている種苗会社もあります。

ただ、育種素材として注目されているのは、それだけではありません。小瀬菜大根は、雄性不稔株が出る確率がアブラナ科野菜の中で一番高いのです（雄性不稔については一一一頁参照）。雄性不稔という人間でいえば男性原因による不妊症個体は、自家不和合性利用というそれまでのF_1作成技術（耐病総太りもこれで作られていました）に代わって、最も効率的にF_1種子を生み出す素材なのです。

小瀬菜大根で見つかった雄性不稔因子は、現在ではダイコンはもとより、キャベツ、ハクサイ、カブなど様々なF_1野菜に取り込まれて、母親株として使われています。

（野口）

根菜類（セリ科）

ニンジン

◆品種・冬越黒田五寸人参

素顔と栽培特性

東洋種ニンジンは日本にも古くから伝わっており、江戸時代には数多くの在来種がありましたが、現在では栽培しやすい西洋品種がほとんどです。

黒田《くろだ》五寸人参《ごすんにんじん》は、一九三五年に長崎県大村市で固定された西洋種です。この黒田五寸人参から根が土に潜る系統を選抜、固定したものが冬越《ふゆごし》黒田五寸人参。高温乾燥に強く、育てやすいニンジンです。カロテンの含量が多くて、食味が良いのが特徴です。

育て方のポイント

▼畑の準備　夕立に備えて、種が流されないような畝を仕立てておきます。マルチの必要はありませんが、畝を高くしすぎて土を乾燥させないように注意が必要です。

▼直まき　梅雨の中休みの七月上旬、土に十分水分を含んでいる頃にまきます。ダイコンとは違って、種が土に隠れるくらいの深さにまきましょう。

私の畑では二条まきしていますが、家庭菜園ならば条まきかばらまきで、軽く押さえるくらいで大丈夫です。お互いが競り合うくらいに密集させてよいでしょう。

栽培しやすい冬越黒田五寸人参

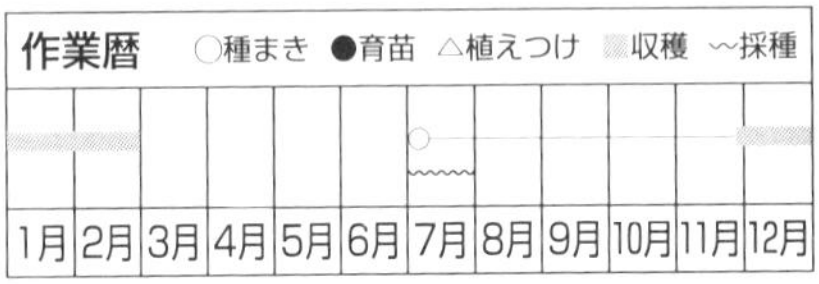

葉が薄茶色に変わりはじめたら収穫する

高畝にしたニンジン畑

高温乾燥に耐えるので、発芽する時期に十分な水分があれば、あとは水をやらなくても大丈夫です。

▼間引き　ニンジンが鉛筆くらいの太さになった頃に、一五cm間隔になる程度に間引きます。真上から見て、葉の根本が太く見えるものを残します。

▼土寄せ　間引きが終わった頃に、畝間に溝を切るイメージで土を畝に寄せ、三〇cmくらいの高畝になるようにします。ニンジンは冬の寒さと乾燥から身を守るためと根を太らせるため、畝を乾燥しやすいようにすることがコツです。

▼収穫　葉の色が変わって枯れかけた一二月中旬頃から収穫できます。

種採りのポイント

▼母本選び　収穫時に、しっかりと根が土に潜っていて病虫害がなく、形や色の良いニンジンを選んで母本にします。

アブラナ科と違い、自家不和合性は働かないのですが、やはり多様性を求めて数株を母本にすることをおすすめします。ちなみに私の場合は、四〇〜五

乾燥させたニンジンの一番花

種採り用の株を確保

黒田五寸人参の種

狐色になったニンジンの傘花

○本を母本として選抜します。

▼移植の方法　葉一○cmを残して切り落とし、根の部分が隠れるくらいに植えつけます。

▼移植後の管理　春にとう立ちし、七月の梅雨時に花を咲かせますが、花が雨に濡れると受粉がうまくいかないので、雨よけが必要です。ニンジンは虫媒花なので近くの異品種が同時に開花していると、交雑のおそれがあるので注意します。

▼種採りのタイミング　種が褐色に変わってきたら房ごと取り込み、日陰で追熟させます。

▼種採りの方法　指で種をこし取ります。種には毛が生えているので指でもんで毛を取り除き、ゴミを風で飛ばします。

かき回しながら日に当てて半日、日陰で一週間乾燥させたら、乾燥剤入りのタッパー、ガラス瓶などに入れて保存します。七月上旬に種をまくのには間に合いませんが、七月下旬に種をまきたい場合は、休眠を打破させるために冷蔵庫に二週間くらい入れておくとよいでしょう。

（関野）

ニンジンのつくり方ポイント

土寄せ

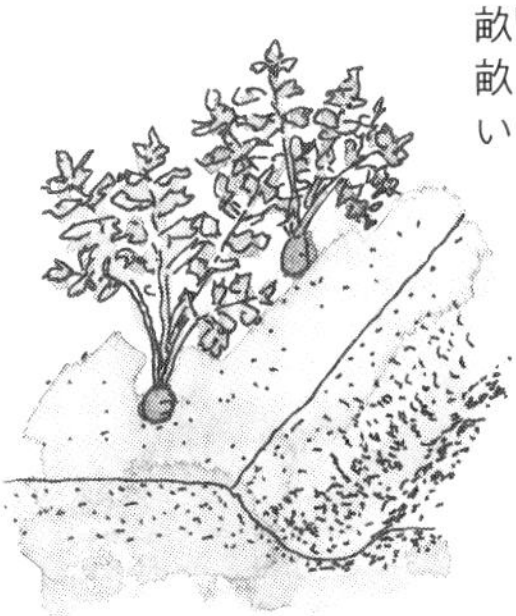

畝間に溝を切り、畝を30㎝くらいの高畝にする

収穫

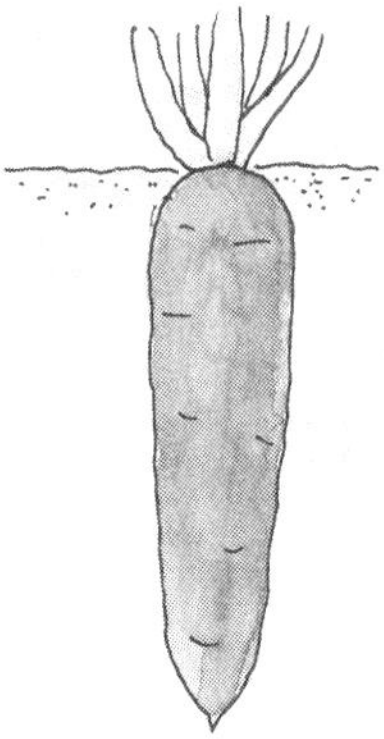

冬越黒田五寸人参は根が首までしっかりと土中に埋まっている

カロテンの含量が多く栄養価が高い

種採り

開花後、狐色になった傘花を摘み採り、乾燥させてから手でほぐしながら種を落とす

種まき

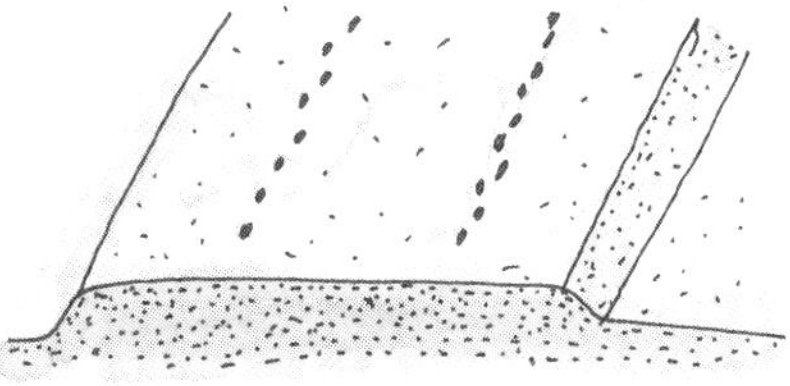

二条まき（または、ばらまき）にする

発芽

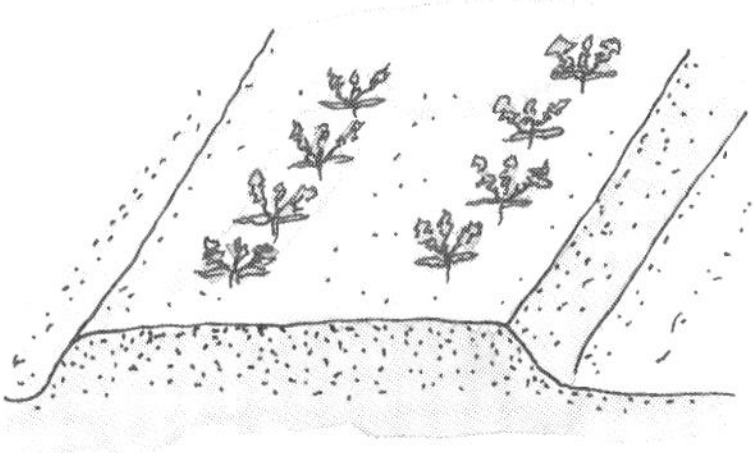

発芽期に土が乾燥している場合、水を与える

間引き

株間を15㎝になるように間引く

コラム 野菜の種明かし

固定種ニンジンが勢ぞろい

種苗会社のニンジン担当者の話だと、日本人の三分の一が「ニンジン嫌い」で、三分の一が「ニンジン好き」、残り三分の一が「好きでも嫌いでもないが、からだに良いから食べている」という調査結果があるそうです。

ニンジン嫌いの理由は、その独特の匂い、いわゆる「ニンジン臭」であることがはっきりしています。では、「薬臭い」とも言われるニンジン臭とは何でしょうか。そしてそれは品種の変遷とどんな関係があるのでしょうか。

まずニンジン臭の原因物質ですが、「これはイソ酢酸やハルミチン酸などの酸、酢酸エステルなどのエステル、ダウコールやキャロトールのようなアルコール、ピロリジンやダウシンなどの含窒素化合物、そしてアサロンなどのケトン等々、多数の含有物によって複合的に生み出されるものである」(大場秀章『サラダ野菜の博物史』)。うーん。これでは何もわかりません。逆に「ニンジンの匂いはカロテンの匂いである」(『江澤正平さんの野菜術』)と簡単に言い切っている本もあります。だとしたら、カロテン含量が多いというのを売りにしたF1品種は、匂いも強いのでしょうか?

ニンジンの原産地、中央アジアのアフガニスタンやパキスタンで野生種のニンジン(ヒンズークシ山脈の北では黄色で、南では濃い赤紫色だそうです)をかじったり、旬の一月に現地の市場で求め、日本に持ち帰って会合で食べてもらった池部誠は、おいしさに全員が感激し、「これならニンジン嫌いの子供も食べると言い出すお母さんもいた」(『野菜探検隊アジア大陸縦横無尽』)と言うから、原産地のニンジンには、嫌なニンジン臭は無かったのです。

ニンジンは、中央アジアを征服した元の時代(一二八〇~一三六七)初期に中国に伝わり、やがて日本に伝来しました。江戸時代の医師貝原益軒は『菜譜』(一七〇四)に「菜中第一の美味なり。性また最もよし」と書いており、最初に日本に渡来したニンジンには、やはり臭みが無かったことがわかります。

甘く美味しかった江戸時代のニンジンは、アフガニスタン同様夏まきして冬しか収穫できませんでした。現在では関西のお正月の煮物用に欠かせない「金時人参《きんときにんじん》」や、沖縄の「島人参」のような長さ三〇～四〇㎝の短かめの長ニンジンに、原産地ゆずりの色や形をとどめています（金時人参の赤紫色の色素はリコピンで、黄色い島人参はキサントフィル色素。最近の研究では、現代主流のオレンジ色ニンジンの色素のカロテンより、リコピンのほうが抗酸化効果が高いことがわかっています）。

アフガニスタンから西に針路をとったニンジンは、一〇世紀頃トルコに渡り、多様に変化して二次原産地を形成し、やがてスペイン（一二世紀）、イタリア（一三世紀）、フランス、ドイツ、オランダ（一四世紀）、イギリス（一五世紀）に伝わり、一六世紀には全ヨーロッパに広まりました。

養分を蓄えるニンジン

最初はヨーロッパでも赤紫色の長ニンジンが甘くて好まれましたが、一五世紀にオランダにオレンジ色のニンジンが登場すると、たちまちヨーロッパ全土に広まりました。夏涼しいオランダで改良されたオレンジ色のニンジンは、春まきしてもトウ立ちせず、周年栽培できたためで、こうしてオレンジ色の西洋系カロテンニンジンが誕生しました。

カロテンニンジンは、ニンジン臭が強いことで知られる長ニンジンの「ロング・オレンジ」や、球形に近い「アーリー・ショート・ホーン」、現在主流の五寸ニンジンの祖「チャンテネー」など様々な形に分かれ、フランスのヴィルモラン等の育種家の手によって、多彩な品種に育っていきました。そして明治の文明開化とともに日本各地に導入されたのです。

ニンジンの花は、白い小さな花が傘状に集まった形をしています。この小さな花は、まず雄しべが先に熟して、雌しべが熟すのは数日後です。自家受精という近親婚を避けるためのタイムラグですが、この他家受粉を好む性質は、既存品種とどんどん交雑し、遺伝子を変異させて、かつての系統を維持しにくくしました。

日本に元からあった東洋系ニンジンの夏まき在来種は、冬に収穫せず春以降も畑に置いておくと開花し種が採れるのですが、春まきで夏収穫できる西洋系ニンジンも、秋に植え替えて冬を越すと夏まき種と同じ頃に開花します。そして開花した花の遺伝子は混じりあい、東洋種は西洋種の中に取り込まれてしまいました。

こうして江戸野菜の代表だった「滝野川大長《おおなが》人参」は、ロング・オレンジと混血して「東京大長人参」になり、やはりロング・オレンジと滝野川の混血で群馬で固定された春まきできる「国分《こくぶ》大長人参」に全てのシェアを奪われて消えてなくなってしまいました（どうもこの頃からニンジン臭が出てきたように思われますが、どうでしょう?）。

戦後、全盛を極めた国分大長人参も昭和三〇年代には短い五寸人参に取って代わられ、その五寸人参も、一九六四年の「F_1向陽」登場以後、話題になる新品種はF_1（一代雑種）ばかりになってしまいました。

「ニンジン臭が消えたのはF_1になったからだ」という人がいますが、そうでないことは今も残る純系の金時人参が証明しています。それより、花粉が異常で子孫を作れない雄性不稔個体ばかりのF_1ニンジンからは、臭みだけでなく香りも、ニンジン本来の旨味も消えてしまったように感じるのは、私だけでしょうか。

現在、うちで販売している固定種ニンジンは、「真紅《しんべに》金時人参」「沖縄島人参」のほかには、「国分大長人参」や「春蒔五寸人参」「黒田五寸人参」「子安三寸人参」「ピッコロ人参」「ラブリーキャロット」などの春まきできるニンジンと、夏まき専用の「万福寺大長人参」「スーパー一尺人参」「碧南《へきなん》五寸人参」「紅福越冬五寸人参」「冬越黒田五寸人参」などと、播種期の違いで大きく二つに分けています。

どれも西洋系のニンジンで、東洋系ニンジンの血が多少濃いものは、春まくと抽苔しやすいため、夏まきに分類しているのに過ぎません（東洋系の血が濃いほうがニンジン臭が少ないという傾向はあります）。

（野口）

根菜類（ナス科）ジャガイモ

◆品種・出島ジャガイモ

素顔と栽培特性

ジャガイモの原産は南米の高原地帯です。スペイン人によってヨーロッパに持ち帰られ、主要作物として発展しました。日本には南蛮貿易が盛んな頃に長崎に持ち込まれ、救荒作物として広がりました。出島《でじま》ジャガイモは、一九七一年に長崎県総合農林試験所で二期作用品種としてつくられた品種です。形は丸く皮は淡黄色、表皮がなめらかで、味が良く煮崩れしないのが特徴です。

通常の栽培では男爵いもに近い食味ですが、無肥料自然栽培だと、もっちりとした食味になります。

育て方のポイント

▼**畑の準備**　畝は一五cmであまり高くしません。

▼**植えつけ**　種イモは、S玉ならば切らずに、M玉ならば半分、L玉ならば三等分くらいに切っておき、天日で切り口をよく乾かしておきます。よく、切り口に灰をつけるといったことが紹介されていますが、その必要はありません。

株間三〇cmで、種イモが頭が少し出るくらいに押し込み、そこに土をかぶせる感じで埋めます。

生育期のジャガイモ

収穫した出島ジャガイモ

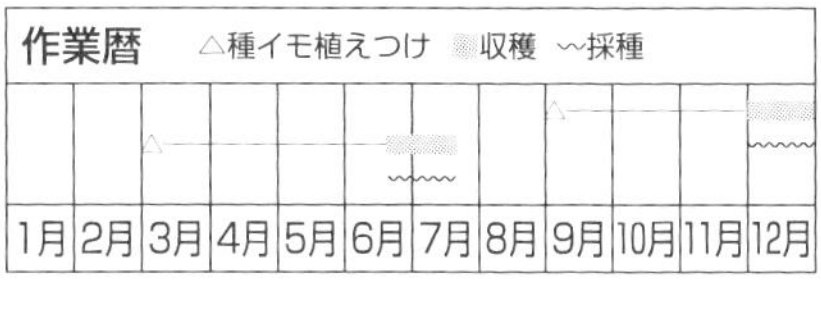

出島ジャガイモを種イモ用に乾燥

高畝にしたジャガイモ畑

ジャガイモの開花

秋植えのときは、ジャガイモの休眠が明けておらず芽が出ないことがあります。切った種イモは大丈夫ですが、切らずに使うものは、つま楊枝などで少しつついて傷つけてやるとよいでしょう。その場合も、傷口をしっかり乾かしてやることが大切です。

▼土寄せ　地上部が二〇cmくらいになったら、サクを切ってイモが畝の外に出ないように土を寄せ、三〇cmくらいの高畝になるようにします。

▼収穫　春まきのものは、六月下旬に試し掘りをしてみて、土用の丑《うし》の日を過ぎないように収穫するようにします。収穫が遅れると、少し皮肌が荒れてきてしまいます。

種イモづくりのコツ

収穫したものの中から、実のつきがよくて形や肌がきれいな株を選び、一株まるごと種イモにします。

種イモは軽く泥を取り除き、寒い季節は段ボールなどに入れ、種イモが寒さで傷まないように保管します。

（関野）

ジャガイモのつくり方のポイント

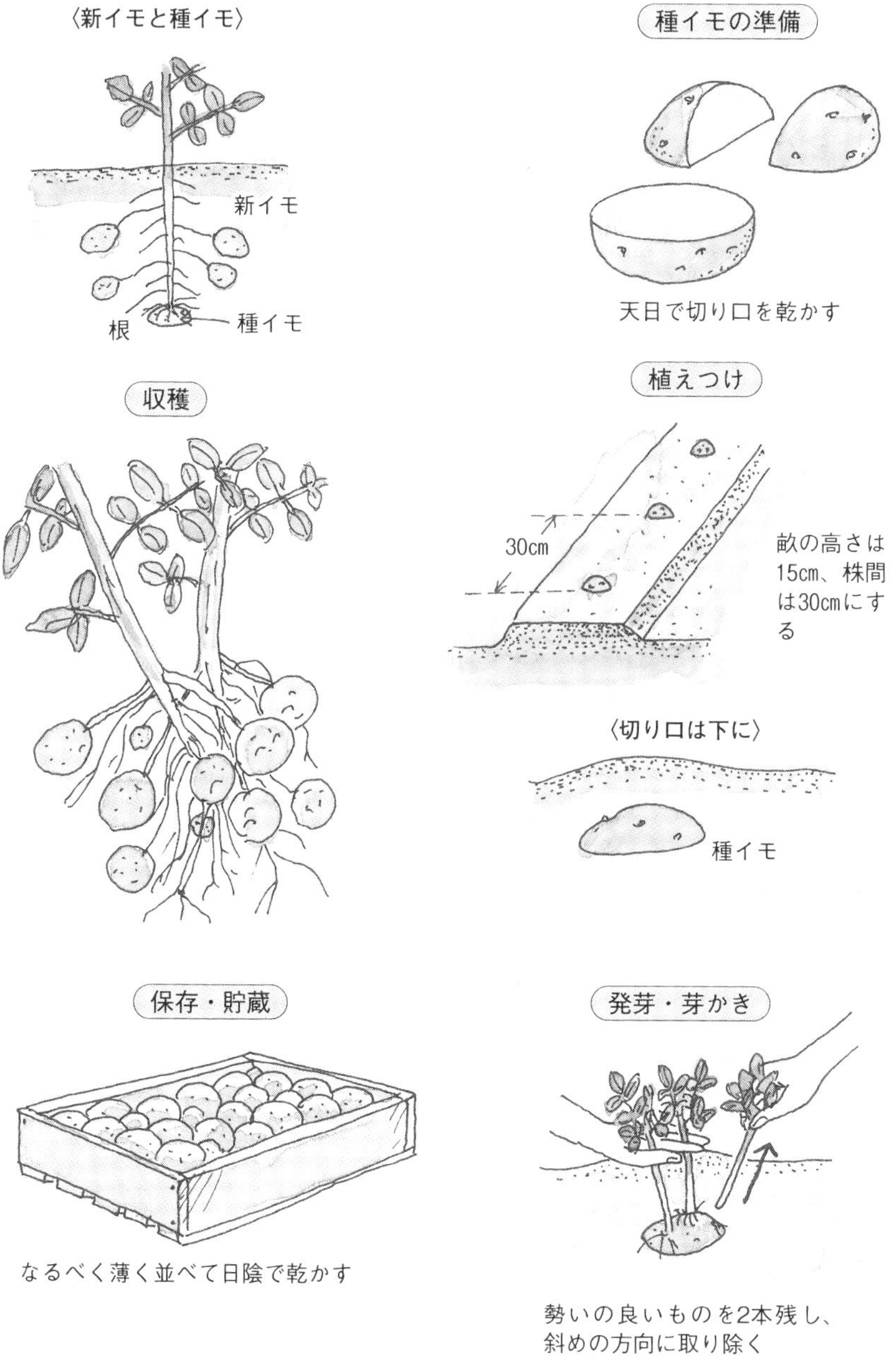

根菜類（サトイモ科）

サトイモ

素顔と栽培特性

サトイモの原産地はインド東部、インドシナ半島で、東南アジアなど湿潤な地域で多く栽培されています。調理も簡単で時間がかからないので、多くの地域で主食とされています。

日本にも古くから伝わっており、イネの渡来より古かったとも言われています。

人の暮らす集落の近くで育てられてきたことから「里芋」と呼ばれるようになったそうで、熱帯・亜熱帯から温帯にまで水が豊富で夏の気温が高いところならば、どこでも栽培できる作物です。

逆に、別名「水芋」と呼ばれるほどですから、乾燥には弱く、干ばつの年にはきわめて生育が悪くなる作物です。

育て方のポイント

▼畑の準備　水分の多い場所を選び、二〇～二五cmほどの深さの溝を掘っておきます。子イモを種にする場合は、もう少し浅くてもよいでしょう。畝幅は五〇cm～一mあるとよいでしょう。

▼植えつけ　私たちの畑では、昨年の親イモや大きめの子イモを三〇～四〇cmの間隔で溝に、芽を上向きにして植えています。親イモはあらかじめ芽をナイフなどで削って乾かしておきます。子イモはそのまま植えます。

畝間には麦をまき、乾燥を防止します。

▼土寄せ　私たちの無肥料自然栽培では、イモの芽が三〇cmくらいになったら、一度土寄せをして、その後ダイズを植えてサトイモの生長を助けます。麦が黄金色になったら刈り取り、畑の乾燥防止や除草のためにイモの地際に置いておきます。麦をまかない場合は、敷きわらをしてもよいでしょう。

収穫したサトイモを保管

生育期のサトイモ畑

収穫までは、除草・土寄せを繰り返します。それをしないと、長いサトイモになってしまいます。

▼収穫　一般的には九月中旬から収穫が始まりますが、自然栽培では一カ月くらい遅く、一〇月頃から収穫できるようになります。大きな葉の列から収穫していきます。葉を取り、わらを敷き、ビニールをかけておけば冬でも収穫できます。

種イモづくりのコツ

▼種イモづくりの方法　収穫時に親イモ、子イモの大きくて丸いものを選びます。

一一月中旬、霜が降り始める前に、畑に穴を掘ってイモを入れ、わらと土を三〇cmほどイモの上にのせてビニールをかぶせておくと、イモが腐らず、保存できます。

また、畝なりで残したいときは、葉を落とし、わら、土、ビニールをその上に三〇cmほど積み上げておけば、翌年まで保管できます。どちらも、いつでも掘り出して食べることもできます。

（石川・長野）

根菜類（キク科）

ゴボウ

◆品種・大浦太ごぼう

素顔と栽培特性

ゴボウは、中国からヨーロッパにかけて広く自生している植物ですが、中国で薬物とされる程度で、ほとんど作物とされていません。日本には自生していませんが、日本で作物化され、数多くの在来種が存在する、ある意味珍しい野菜です。

大浦太《おおうらふと》ごぼうは、直径が一〇cmにもなる太いゴボウ。もともと千葉県匝瑳《そうさ》市の大浦地域で産出されてきたもので、香りが強くて柔らかく、味が良い品種です。

育て方のポイント

▼畑の準備　ゴボウは乾燥には強いですが、過湿には弱い傾向があるので、まず排水性を第一に畑を選びます。排水性が十分でない畑では、高畝や草生栽培などで工夫して育てます。未熟な有機物は又根の原因の一つとなりますので、雑草や前作残渣などをできる限りていねいに持ち出してから耕起します。

畝幅三〇cm、高さ一五cm程度の畝をつくります。ゴボウの葉茎はとても大きく広がるので、二畝以上つくる場合は、畝間を七〇cm程度離します。

作業暦　○種まき　●育苗　△植えつけ　▒収穫　〜採種

1月	2月	3月	4月	5月	6月	7月	8月	9月	10月	11月	12月
▒	▒				○		〜				▒

収穫した大浦太ゴボウ

間引きのポイント

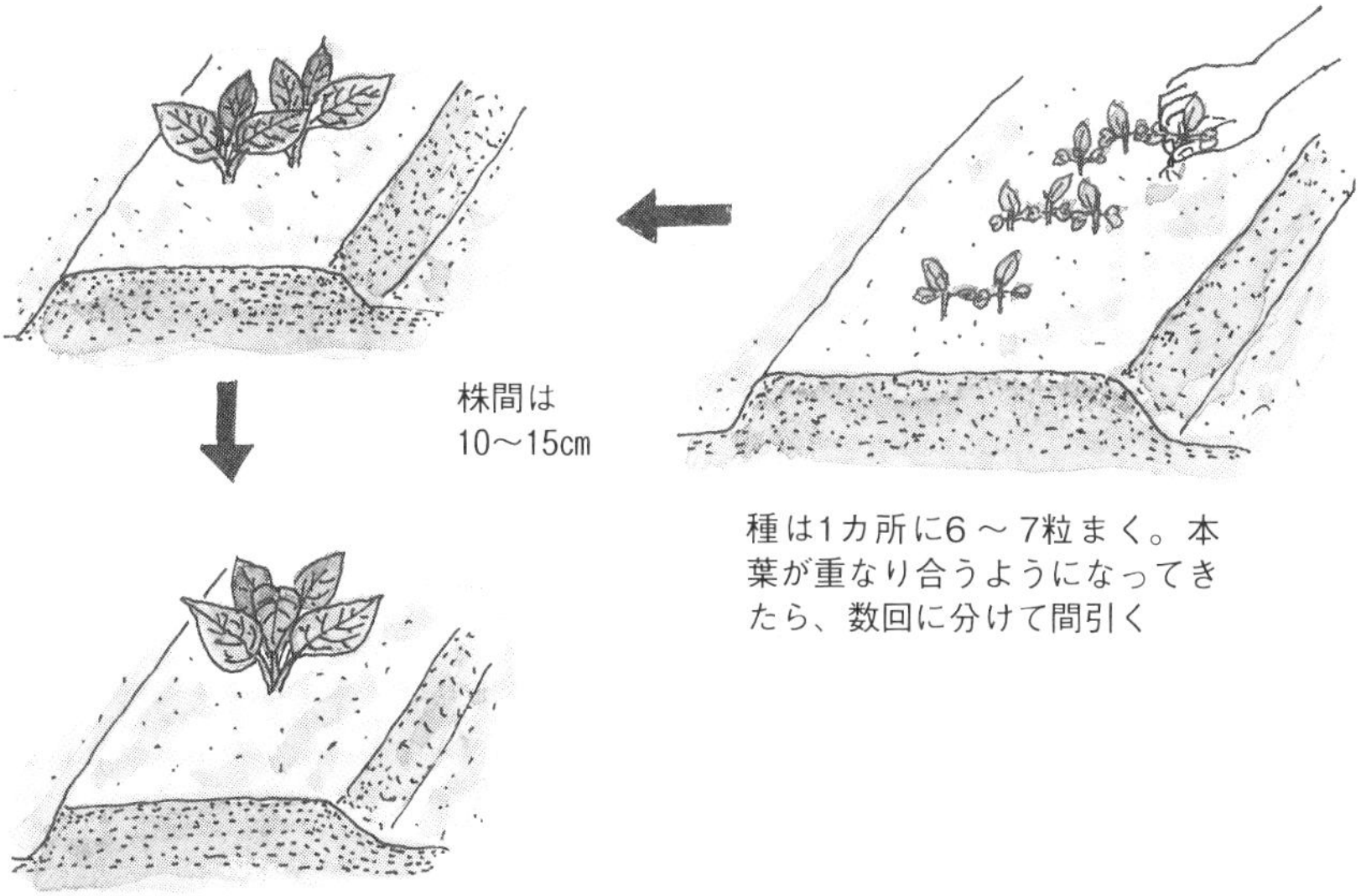
株間は
10～15cm
種は1カ所に6～7粒まく。本
葉が重なり合うようになってき
たら、数回に分けて間引く

▼種まき　種は三cm間隔程度に条まきし、おおよそ五mm程度に薄く土をかぶせます。発芽するまでは十分に土を湿らせておくと、発芽がスムーズです。発芽までに時間がかかると、ゴボウよりも先に雑草が発芽してしまいます。ゴボウの初期生育はとても緩やかなので、草に負けないように、大きくなるまでに何回も除草作業が必要。まずは滞りなく発芽させることがゴボウ栽培の第一歩です。

▼間引き　発芽が出揃い、葉と葉が重なり合うようになってきたら、数回に分けて間引きをします。最終的には一〇～一五cm間隔程度に間引きます。

▼収穫　一二月から三月頃にかけ、直径二～三cmで収穫します。太いものは直径五cmくらいになります。畑にそのまま保存しておくことも可能ですが、一度に掘り起こしたい場合は、葉を切り落として再度土中に埋めて保存することもできます。

種採りのポイント

▼母本選び　病虫害に強いものはもちろん、形質や太りの良いものを母本に選びます。

種などをふるいにかける

総苞入りのゴボウの種

取りだした種（大浦太ゴボウ）

ゴボウの総苞をほぐす

▼移植の方法　一二～一月に、掘り起こした母本を株間八〇㎝程度に直立植えします。斜め植えだと、風で倒れやすくなります。植え穴を深く掘れない場合には、根の先を曲げたり切ったりすることもできます。

▼移植後の管理　ゴボウはほぼ自家受粉しますが、昆虫や風による他花受粉もごく僅かにあるため、近くで他品種のゴボウがないか注意します。

▼種採りのタイミング　七月中旬頃から開花が始まり、おおよそ一カ月程度で充実した種になります。しっかりと乾燥した充実した種子を採種するため、八月下旬～九月上旬を目安に採種します。

▼種採りの方法　収穫してきた種は、手でもみ崩してからふるいにかけたり、団扇《うちわ》や扇風機などで風選したりします。比重の軽い種子や花弁くずなどは風で飛んで、充実した種が下に落ちてゆきます。その後、湿気が入り込みにくい容器に乾燥剤と一緒に入れて、冷蔵庫で保存します。

（渋谷）

第５章

旨いマメ類の固定種とつくり方のコツ

夏場の食卓に欠かせないエダマメ（早生大豊緑豆）

マメ類（マメ科）

エダマメ

◆品種・早生大豊緑枝豆

素顔と栽培特性

エダマメは、未熟なダイズを食べるときの呼び方であり、作物としてはダイズと同じです。ダイズは中国北部原産で、弥生時代には日本でもすでに栽培されていた歴史の古い作物であり、日本人にとっては醤油や味噌をはじめ、豆腐や納豆などの原料として欠かすことができませんが、国内自給率が六%（二〇〇八年）というのは困りものです。

早生《わせ》大豊《たいほう》緑《みどり》枝豆《えだまめ》はエダマメとして利用されるダイズ在来種の代表であり、早生エダマメの中でも最もおいしい品種です。

育て方のポイント

▼**畑の準備**　畝は一〇cm程度に低めに仕立てておき、透明マルチを張っておきます。

▼**種まき・育苗**　ダイズの仲間は移植に強いので、私の畑では苗を一括で管理できるよう、畑の脇に育苗スペース（ベッド）をつくり、五cm間隔で一面にまき、防鳥のために寒冷紗をかけておきます。

家庭菜園の場合は直まきでも構いませんが、直まきをすると徒長しすぎてしまう傾向があります。

収穫期の早生大豊緑枝豆

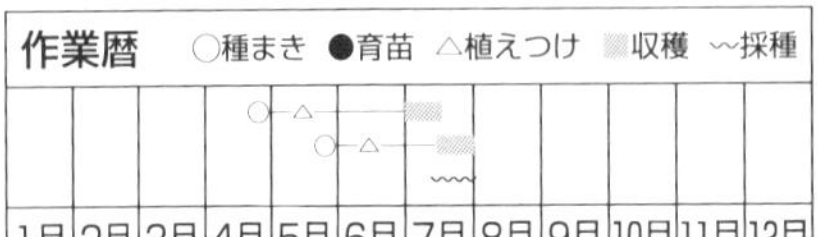

開花と収穫

〈収穫〉

実のふくらみが目立ってきたら収穫適期。早生大豊緑枝豆は6月下旬～7月が収穫期となる

〈ダイズの開花〉

開花から1カ月で収穫期を迎える

▼植えつけ　本葉が二枚になったら、根を切らないようにスコップで掘り起こし、一五cm間隔で植えつけます。

植えつけ後、しばらくは風で倒れたりカラスに引き抜かれたりすることもあるので、寒冷紗をかけておくとよいでしょう。

▼直まき　直まきをするならば、一五cm間隔で一カ所に三粒をまき、最終的に一株になるように間引いていきます。本葉が出るまでは、鳥よけのために寒冷紗をべたがけしておきます。

▼土寄せ　花が咲き始めた頃に、畝間をクワなどで砕き、畝に土を寄せていきます。ダイズは土はあまり乾燥させないほうが良いので、それほど畝を高く上げていく必要はありません。

▼収穫　実がしっかりとふくらんだら、収穫時です。取り遅れてさやが黄色くなってしまうと、風味が損われてしまいます。

プロの場合は枝ごと収穫しますが、家庭菜園の場合は、よくふくらんだものから選んで順次収穫したほうが、無駄なく利用できます。

乾燥させないため、高畝にしない

収穫期を迎えるエダマメ畑

生育期のエダマメ

種採りのポイント

▼母本選び　生育が良く、実が多くなっているものを母本に選び、その株は収穫せずに実をまるごと残します。

▼種採りのタイミング　葉が枯れて落ちだしたら根ごと引き抜き、日陰の風通しの良いところに置いて乾燥させます。

▼種採りの方法　十分乾燥したら、さやから簡単に種が取れるようになります。取った種からツヤや形の良いものを選び、再度日陰で十分に乾燥させます。

軽く甘噛みしても跡がつかないくらいに乾燥したら、発育不良の種、病害虫の害を受けた種を取り除き、タッパー、ガラス瓶などの密閉できる容器に入れて冷蔵庫で保管します。ダイズの種は体積が大きいので、しっかりと乾燥させる必要があります。発芽率を上げるためにも、保存時には念のため、乾燥剤も一緒に入れておくとよいでしょう。（関野）

マメ類（マメ科）

エダマメ（茶豆）

素顔と栽培特性

エダマメの一種である茶豆は在来種が多く、独特の香りと甘みを持ち、人気があります。

育て方のポイント

▼**畑の準備**　早生大豊緑枝豆と同じで、畝は一〇cm程度の低めに仕立て、透明マルチを張ります。

▼**種まき・育苗**　早生大豊緑枝豆と同じです。

▼**植えつけ**　早生大豊緑枝豆より広めの、二五cm間隔で植えつけます。後は早生大豊緑枝豆と同じです。

▼**直まき**　二五cm間隔で一カ所に三粒をまき、最終的に一株になるように間引いていきます。本葉が出るまでは、鳥よけのために寒冷紗をべたがけしておきます。

▼**土寄せ**　早生大豊緑枝豆と同じで、クワなどで畝間を掘り上げ、畝側に土を寄せます。

▼**収穫**　収穫期は早生大豊緑枝豆より遅く、八月上旬～中旬です。

種採りのポイント

早生大豊緑枝豆と同じで、よく乾燥させ、乾燥剤入りの容器に入れて冷蔵庫で保管します。

（関野）

収穫間近のエダマメ（茶豆）畑

茶豆はお盆過ぎからの収穫になる

作業暦　○種まき　●育苗　△植えつけ　▒収穫　～採種

1月	2月	3月	4月	5月	6月	7月	8月	9月	10月	11月	12月
				○△	―	―	▒ ～				

マメ類（マメ科）

サヤインゲン

◆品種・成平いんげん

素顔と栽培特性

インゲンマメは中南米原産で、世界中で広く栽培されている作物です。日本には江戸時代初期に隠元法師が伝えたとされていますが、それ以前にすでに伝わっていたようです。しかし、日本で普及し始めたのは明治になって欧米の品種が入ってきてからです。

インゲンマメは、完熟した豆を利用する場合と、実の若いときにさやごと食べる場合があり、さやごと食べるものはサヤインゲンと言われます。

成平《なりひら》いんげんは平さやのサヤインゲンで、皮が柔らかく、筋を取らないでも食べられます。

育て方のポイント

▼**畑の準備**　畝は二〇cm程度に高めに仕立てておき、透明マルチを張っておきます。

▼**種まき・育苗**　少し窮屈ですが、七二穴のプラグトレイに二粒ずつまきます。

▼**植えつけ**　本葉が二枚になったら、そのまま二株ずつ、三〇cm間隔で植えつけます。

▼**直まき**　三〇cm間隔で一カ所に三粒をまき、最終的に二株になるように間引いていきます。本葉が出るまでは、鳥よけのために寒冷紗をべたがけしておきます。

▼**支柱立て**　植えつけか直まきをした後、株間に二m四〇cmの支柱を立てます。支柱を立てたら、後は勝手に巻きついてくれます。支柱の代わりに、キュウリ用のネットなどを利用してもよいでしょう。

▼**土寄せ**　花が咲き始めた頃に、畝間をクワなどで砕き、畝に土を寄せていき、畝を高くします。

▼**収穫**　さやの中の実がふくらまないうちに収穫します。採り遅れると実も皮も硬くなってしまいます。生育が盛んな頃は二〇cmくらいまで大丈夫です

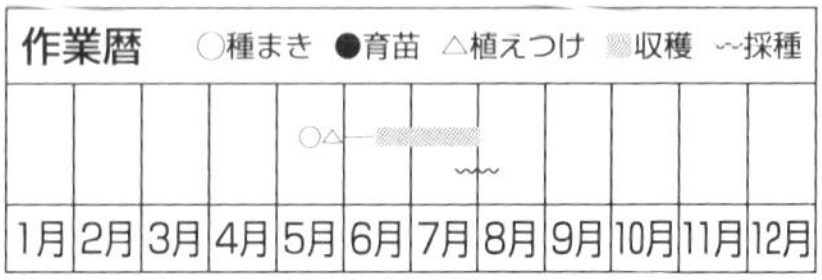

さや入りの種（成平いんげん）

支柱やネットに誘引する

が、株が疲れてくると早い段階で実がふくらんで硬くなるので、注意が必要です。

種採りのポイント

▼**母本選び**　生育が良い株を母本に選び、その株だけは高さが二mくらいになったら摘芯します。そうすることで、良い種ができると言われています。

▼**種採りのタイミング**　さやが褐色になり乾燥したら取り込み、日陰でさらに乾燥させます。

▼**種採りの方法**　さやを開けて種を取り出したら、きれいにふくらんでツヤのあるものを選び、さらに日陰で一週間程度乾燥させます。

乾燥したら乾燥剤入りのタッパー、ガラス瓶などの容器に入れて、冷凍庫で二日間冷凍します。こうすることで、種に産みつけられたマメゾウムシの卵を死滅させることができます。その後は冷蔵庫で保存します。

（関野）

マメ類（マメ科）
サヤインゲン
◆品種・いちずいんげん

素顔と栽培特性

いちずいんげんは丸さやのサヤインゲンです。私が手がけたサヤインゲンの中では、このいちずいんげんが最もおいしいと思います。

育て方のポイント

▼**畑の準備**　成平いんげんと同じで高畝に仕立てておき、透明マルチを張っておきます。

▼**種まき・育苗**　七二穴のプラグトレイに二粒ずつまきます。

▼**植えつけ**　本葉二枚の頃、そのまま二株ずつ三〇cm間隔で植えつけます。直まきできます。

▼**支柱立て・土寄せ**　成平いんげんと同じです。

▼**収穫**　鉛筆くらいの太さになったら収穫できます。中の種が大きくふくらんでボコボコしてきたら、もう硬くなっていますので、そうなる前のさやが柔らかいうちに収穫します。成平いんげんに比べ生育がゆっくりなので、同時期の種まきでも収穫が遅れます。

種採りのポイント

成平いんげんと同じです。

（関野）

インゲンの開花

収穫期のいちずいんげん

作業暦　○種まき　●育苗　△植えつけ　▒収穫　〜採種

1月	2月	3月	4月	5月	6月	7月	8月	9月	10月	11月	12月
				○△—	—▒						
					○△—	—▒					
						〜					

マメ類（マメ科）

ササゲ

◆品種・金時ささげ

素顔と栽培特性

ササゲにも完熟した豆を利用するタイプと、実の若いうちにさやごと食べるタイプがあります。

完熟した金時《きんとき》ささげの豆は、赤飯に使うのが一般的です。場所によってはアズキを使うところもありますが、アズキと違って赤飯にしても割れることがありません。味もしっかりしており色の出もよく、淡いえんじ色の赤飯になります。

収穫間近の金時ささげ

育て方のポイント

▼**畑の準備**　畝は二〇cm程度に高めに仕立てておき、透明マルチを張っておきます。

▼**種まき・育苗**　七二穴のプラグポットに二粒ずつまきます。

▼**植えつけ**　本葉が二枚になったら、三〇cm間隔で二株をそのまま植えます。

▼**直まき**　三〇cm間隔で一カ所に三粒をまき、本葉が出た頃に二株になるように間引きます。本葉が出るまでは鳥よけのために寒冷紗をべたがけします。

▼**支柱立て**　家の畑では収穫を少しでも楽にするために、地上部が二〇cmくらいになったら、園芸用

作業暦　○種まき　●育苗　△植えつけ　▒収穫　〜採種

1月	2月	3月	4月	5月	6月	7月	8月	9月	10月	11月	12月
					○―	―	▒ 〜				

金時ささげの種

さやが褐色になったら収穫する

ササゲの開花

の支柱を使って倒伏を防止します。家庭菜園では倒れたままでも問題ありません。

▼**土寄せ**　花が咲き始めた頃に、畝間をクワなどで砕き、畝に土を寄せていき、畝を高くします。

▼**収穫**　さやが褐色になってきたら収穫します。乾燥するとすぐ弾けてしまうので、できれば毎朝見に行き、さやがしんなりしているうちのものを取り込んだほうがよいでしょう。

収穫したさやは、かき混ぜながら天日に半日当てて乾かし、豆を取りだします。その後、日陰で一週間くらい置いて乾燥させてから、インゲンと同じようにタッパーなどに入れて冷凍庫に二日以上入れ、マメゾウムシの卵を死滅させた後、冷蔵庫で保存します。

種採りのポイント

収穫と同じですが、とくに形やツヤが良く、しわのないもの、色が濃いものを種として保存します。

（関野）

マメ類（マメ科）
ソラマメ

素顔と栽培特性

ソラマメは、原産地や日本への渡来には諸説あるようですが、江戸時代から重要な作物としてつくられ続けています。

育て方のポイント

▼**畑の準備**　畝幅六〇cm、高さ一五cm程度の畝を仕立て、あらかじめ黒ビニールマルチを張っておきます。透明ビニールマルチのほうが生育は順調になりますが、春先に乾燥しやすくアブラムシによる病虫害が増えるため、保水性の高い黒ビニールマルチを使用します。

▼**直まき**　五〇cm間隔でマルチに穴を開け、一穴に一粒ずつ、おはぐろが斜め下に向くように種まきします。ソラマメは発芽に十分な酸素が必要なため、上部が少し土から見えるように種まきするのが主流ですが、私の畑では種が十分に吸水するように、薄く土がかかるまで埋め込みます。うまく発芽しない場合に備え、補植目的で、三・五寸ポットに苗も仕立てておくと安心です。

▼**摘芯**　ソラマメの天敵のアブラムシは主枝の芯で越冬すると言われるため、また側枝の発生も進ませるために、二月頃、一〇cm前後に伸びてきた主枝の摘芯を行います。その後、側枝に十分に光が当たるよう整理すると、より良い品質になりますが、放任しても問題なく収穫までたどり着けます。

収穫したソラマメ

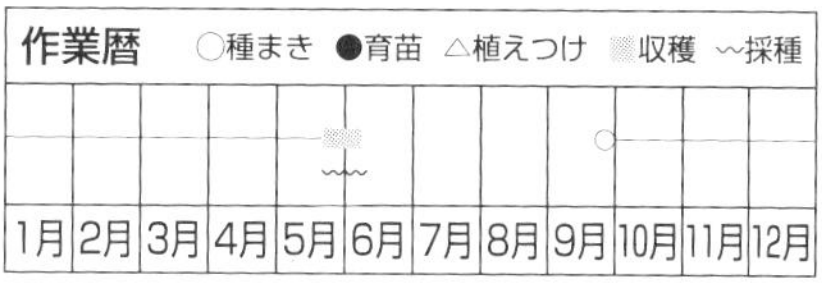

▼アブラムシ対策　ソラマメには、よく大量のアブラムシがつきます。アブラムシは、ソラマメの生育を阻害し、さやの肥大不良を引き起こし、ウイルス病も媒介しますので防除が必要です。

主枝の摘芯、開花後の水管理などである程度の予防効果が期待されますが、決定的に抑えるには至りません。アブラムシがついてしまったら、水洗いを中心に対処します。ソラマメが十分に生育し伸長が止まってからは、アブラムシの被害の大きい上部一〇〜一五cmを切り取ることもあります。それよりも前の段階で上部の切り取りをおこなうと、その時点でソラマメの生長も止まってしまうので注意が必要です。

▼収穫　収穫適期になると、さやはよくふくらんで光沢をおび、背筋が黒くなります。開花の早い下部のさやから熟してきますので随時収穫します。

収穫適期でも、雨降りの日は収穫を避けたほうがよいでしょう。雨降りの日に収穫した株は、これまでの経験上、数日後ウイルス病に罹ることが多いようです。

種採りのポイント

▼母本選び　病虫害（とくにアブラムシとウイルス病）のないもの、形質や太り、実付きの良いものを母本に選びます。

▼種採りのタイミング　収穫適期のソラマメを収穫せずに枝にならせておくと、およそ二週間くらいで種子が充実してきます。充実したさやは、皮が薄黄色くなり、触るとしわしわしています。

▼種採りの方法　充実したさやを枝から一さやずつ収穫し、二週間くらいさやごと天日干しして、よく乾燥させます。雨降りの予報があるときは、しわがよってきたさやは吸水してしまうため、少し早めでも収穫します。

天日干しを始めて数日でさやが真っ黒になりますが、その後もさやがカラカラになるまで乾燥させます。さやから取りだして乾燥させると、乾燥にむらができるので注意します。乾燥後、さやから種子を取りだし、湿気が入り込みにくい容器に乾燥剤と一緒に入れて、冷蔵庫で保存します。

（渋谷）

ソラマメのつくり方ポイント

開花

種まき

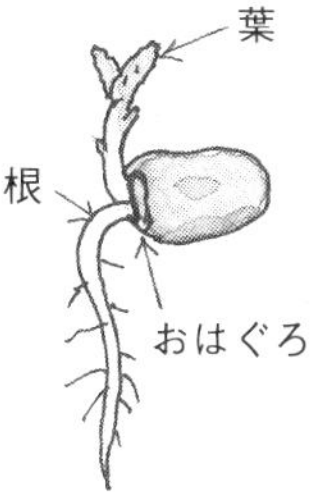

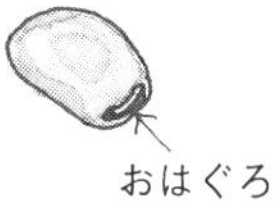

おはぐろが斜め下に
向くようにまく

薄く土で覆われるまで、軽く
手のひらで押さえる

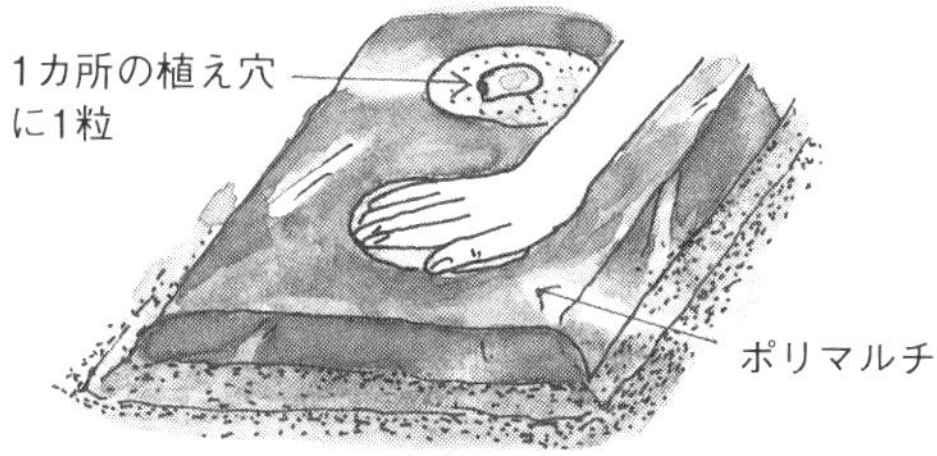

収穫

さやが下にたれて
くる頃が収穫期

種採り

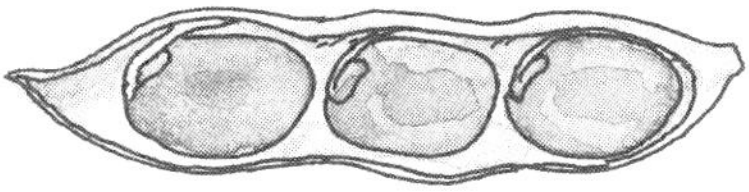

さやが黒変、乾燥した
ものから種を取りだす

アブラムシ対策

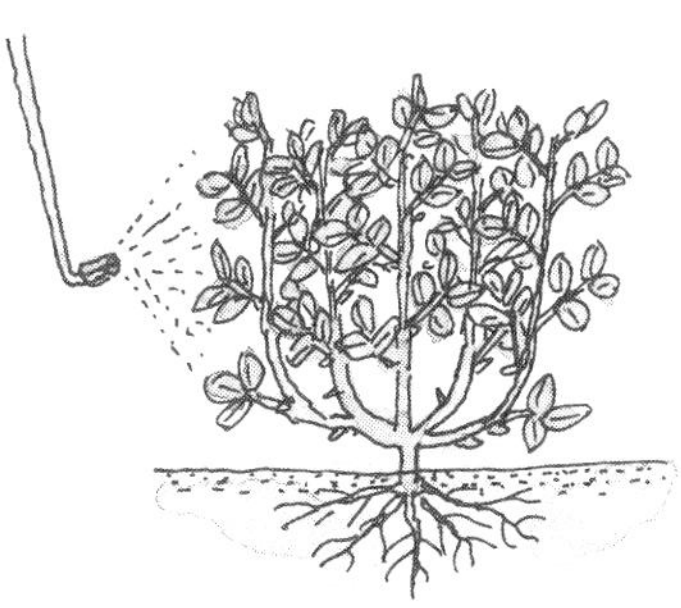

付着部分をよく水洗いする。
被害がひどい枝は切除する

マメ類（マメ科）

エンドウ

素顔と栽培特性

中央アジア原産で、ギリシャ・ローマ時代から地中海沿岸で栽培されていたとされており、日本にも八世紀頃に伝わったとされています。しかし、日本ではあまり重要な作物とはされておらず、現在のように食べられるようになったのは、明治時代に欧米から新たな品種を導入してからのようです。

かつては実を乾燥させて穀物的に活用することもありましたが、現在ではグリーンピースとして未熟な実を食べたり、サヤエンドウやスナックエンドウのようにさやごと食べることが主流になって利用度は広がっています。

育て方のポイント

▼畑の準備　水はけの良いところを好み、風に弱いので、なるべく日当たりが良く風の当たらない場所を選びます。

▼直まき　株間六〇cm、一カ所に六～八粒をまきます。収穫しやすいように、一条にまいたほうがよいでしょう。

▼冬場の管理　風に吹かれるとすぐに弱るので、霜よけと風よけを兼ねて不織布をかけて越冬させます。

▼ネット張り　誘引用にネットを張ってもよいのですが、私の畑では支柱を合掌型にして一・五～二m間隔で立て、そのまわりを段幅六〇cm程度で六段にして麻ひもで囲んでいます。こうしておくと収穫後、麻ひもを抜くとエンドウの残渣だけになるので、片づけが楽です。

▼誘引　三月下旬から四月上旬になったら不織布を外し、麻ひもに誘引します。

▼収穫　さやが手頃な大きさになったら収穫できます。収穫し損ねて種が大きくなってしまったもの

作業暦　○種まき　●育苗　△植えつけ　▒収穫　〰採種

1月	2月	3月	4月	5月	6月	7月	8月	9月	10月	11月	12月
				▒	〰					○○	

収穫期のエンドウ

収穫間近のエンドウ（家庭菜園）

エンドウの開花

も、グリーンピースとして食べられます。

種採りのポイント

▼**母本選び**　生育が旺盛で実のつきが良く、病害虫に強いものを選びます。かなり繁茂するので、株で選ぶのではなく、ここからここまで、というように採集場所を決めるとよいでしょう。

▼**種採りのタイミング**　さやが枯れ、さやの中で種がカラカラと音を立てるようになったら収穫時期です。

▼**種採りの方法**　晴れた日を選んで枯れたさやを収穫し、数日乾燥させて種を取りだします。乾燥剤入りの密閉容器に入れて冷蔵庫で保管します。

（明石）

マメ類（マメ科）

ラッカセイ

素顔と栽培特性

落花生の原産地は南アメリカのアンデス山脈の麓。そこに暮らす先住民族たちによって、食料や薬として利用されてきました。江戸時代には中国から日本に渡来したのですが、あまり栽培は広がらず、明治時代に入ってから主に関東地方で栽培されるようになりました。

落花生のほぼ半分は脂肪ですが、四分の一がタンパク質、その他ビタミンE、ナイアシン、ミネラルを多く含んでいます。落花生の脂肪は悪玉コレステロールがなく、体に良いとされています。

育て方のポイント

▼畑の準備　砂質の土が最適ですが、水はけの良い畑ならば、土質は選びません。水はけの良くない畑の場合は、溝を掘るなどして排水対策が必要です。

直まきの場合は、二週間前と畝立てをするときに雑草対策として畑を耕しておきます。二〇cmの高畝に仕立てます。

▼種まき・育苗　下部の水が抜ける四角の大きめのトレイに、八～一〇cm間隔で市松模様になるように豆を置き、二cmほど土をかぶせて水をかけます。乾燥を好むので、水のやりすぎには注意しましょう。

▼植えつけ　四月頃を目安に、根を傷つけないようにトレイから取りだし、二〇～二五cm間隔で、根を折らないように植えつけます。

▼直まき　無肥料自然栽培の露地の直まきは、五月から七月までまけます。二〇cmくらいの高畝にして、二～三cmほどの深さに埋めます。

直まきの場合は鳥が豆を食べにくるため、防鳥対

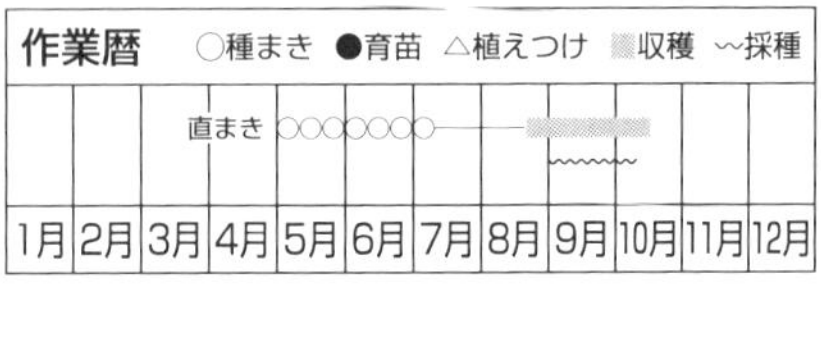

ラッカセイの茎、葉

収穫したラッカセイ

生育期のラッカセイ

策が必要です。私たちの畑では、畝の上から一五～二〇㎝の高さにテグスを張っていますが、防鳥ネットがあれば、それを利用してもよいでしょう。豆の生長につれて葉が絡まらないように注意しましょう。

▼**収穫**　花が咲きはじめて八〇～九〇日を目安に、収穫します。掘り上げて七～八割方、さやが網目模様になっていれば収穫可能です。雑草は豆の生長の妨げになるので、収穫までは豆の地際の草をこまめに採っておきましょう。

種採りのポイント

▼**母本選び**　一株で豆の数が多く、大粒のものを選びます。

▼**種採りの方法**　カラカラとさやの中で音がするまで乾燥させ、さやごと紙袋や布袋に入れ、冷蔵庫で保存します。

（石川・長野）

●●● 固定種野菜の種「野口のタネ」取り扱いリスト

＊リストは 2011 ～ 2012 年初めの取り扱い品を主にしている。種によっては供給できなくなったり、新たに取り扱ったりする場合がありうる。なお、品種名は種袋掲載の商品名を主としている。価格は税込み。2012 年 1 月現在

●果菜類

ナス（ナス科）

品種	まき時	採種地	主産地	特徴	約粒数	価格
早生真黒茄子	2、3月（温床） 5月（直播）	タイ	埼玉県から全国	中長ナスの原型	100 粒	300 円
立石中長茄子	2、3月（温床） 5月（直播）	福井県	福井県、北陸	F1 の千両二号に酷似という	100 粒	300 円
仙台長茄子	2、3月（温床） 5月（直播）	インド	宮城県	やわらかい。長ナス漬けに	100 粒	300 円
久留米大長茄子	2、3月（温床） 5月（直播）	インドネシア	九州、関西	晩生。煮物などに	100 粒	300 円
新長崎長茄子	2、3月（温床） 5月（直播）	福岡県	九州	長さ 40cm の大長ナス	100 粒	300 円
民田茄子	2、3月（温床） 5月（直播）	タイ	山形県、東北	極早生の漬け物用小ナス	100 粒	300 円
十全一口水茄子	2、3月（温床） 5月（直播）	福井県	新潟県、北陸	やわらかい小ナス	100 粒	300 円
加茂大芹川丸茄子	2、3月（温床） 5月（直播）	長野県	京都府	晩生。煮物や焼きナスに	100 粒	300 円
埼玉青大丸茄子	2、3月（温床） 5月（直播）	福島県	埼玉県	巾着型の青ナス	100 粒	300 円
薩摩白長茄子	2、3月（温床） 5月（直播）	宮崎県	九州	淡緑色長ナス	100 粒	300 円
白丸茄子	2、3月（温床） 5月（直播）	福岡県	九州	淡緑色丸ナス	100 粒	300 円
えんぴつ茄子	2、3月（温床） 5月（直播）	長野県	新潟県	先が尖ってやわらかい	100 粒	300 円
梨茄子	2、3月（温床） 5月（直播）	新潟県	新潟県	水気多く、おいしい丸ナス	100 粒	300 円
長岡巾着茄子	2、3月（温床） 5月（直播）	新潟県	新潟県	ふかしたり煮たりすると美味	100 粒	300 円
泉州絹皮水茄子	2、3月（温床） 5月（直播）	大阪府	大阪府	生で食べられる絶品ナス	100 粒	300 円

山科茄子	2、3月(温床) 5月(直播)	長野県	京都府	京都のおいしい伝統ナス	100粒	300円
吉川丸茄子	2、3月(温床) 5月(直播)	福井県	福井県	京都の加茂茄子の先祖という	100粒	300円

トマト(ナス科)

品種	まき時	採種地	主産地	特徴	約粒数	価格
ポンデローザ	3月(温床) 5月(直播)	長野県	全国	昔のおいしいトマト。不整形	100粒	300円
世界一トマト	3月(温床) 5月(直播)	長野県	全国	耐病性改良種	100粒	300円
アロイトマト	3月(温床) 5月(直播)	岐阜県	全国	F1の桃太郎を固定した完熟トマト	100粒	500円
アロイトマト(露地無肥料栽培種子)	3月(温床) 5月(直播)	埼玉県	全国	無肥料栽培で採種したアロイトマト	100粒	500円
ステラミニトマト	3月(温床) 5月(直播)	中国	全国	貴重な固定種のミニトマト	100粒	300円
食用ホオズキ	3月(温床) 5月(直播)	福井県	全国	甘い高性。スカットパール種	100粒	300円

ピーマン/トウガラシ(ナス科)

品種	まき時	採種地	主産地	特徴	約粒数	価格
さきがけピーマン	2月(温床) 5月(直播)	ブラジル	関東	果重100gと果肉が厚い	70粒	300円
カリフォルニアワンダー	2月(温床) 5月(直播)	長野県	全国	大獅子型ピーマンの祖	70粒	300円
伊勢ピーマン	2月(温床) 5月(直播)	岐阜県	三重県	甘唐から誕生	100粒	300円
バナナピーマン	2月(温床) 5月(直播)	タイ	全国	バナナ型。緑から黄色、赤に変化	70粒	300円
ピッコロシシトウ	2月(温床) 5月(直播)	京都府	関東、全国	辛みが出ないと好評	70粒	300円
ひもとうがらし	2月(温床) 5月(直播)	中国	奈良県	10cmくらいで細長い。どんな料理にも合う。甘唐	30粒	300円
万願寺唐辛子	2月(温床) 5月(直播)	長野県	京都府	果長15cmと長大	70粒	300円

伏見甘長唐辛子	2月（温床） 5月（直播）	長野県	京都府	辛みがまったく出ない	150 粒	300 円
鷹の爪とうがらし	2月（温床） 5月（直播）	中国	全国	果長 3cm、密生豊産。辛い	300 粒	300 円
げきからとうがらし	2月（温床） 5月（直播）	宮城県	東北	果長 12cm。青唐で辛い	70 粒	300 円
沖縄島唐辛子	2月（温床） 5月（直播）	タイ	沖縄県	小さな激辛トウガラシ	60 粒	300 円
ハバネロ（橙）	2月（温床） 5月（直播）	アメリカ	キューバ	タバスコの 10 倍辛い	40 粒	300 円
ハバネロ（赤）	〃	アメリカ	キューバ	ダイダイより辛い	40 粒	300 円
八ッ房とうがらし	2月（温床） 5月（直播）	宮城県	全国	小型。葉トウガラシに最適。辛い	300 粒	300 円
黄とうがらし	2月（温床） 5月（直播）	福岡県	九州	黄色。下向きになる。辛い	40 粒	300 円
日光とうがらし	2月（温床） 5月（直播）	栃木県	栃木県、関東	長型で辛い	150 粒	300 円
かぐらなんばん	2月（温床） 5月（直播）	新潟県	新潟県	ピーマン形で辛いトウガラシ	180 粒	300 円
紫とうがらし	2月（温床） 5月（直播）	奈良県	奈良県	辛みはほとんどなく甘い	40 粒	300 円

スイカ（ウリ科）

品種	まき時	採種地	主産地	特徴	約粒数	価格
旭大和西瓜	2月（温床） 5月（露地）	三重県	奈良県、全国	F_1 縞ありスイカの母親。縞なし	30 粒	300 円
乙女西瓜	2月（温床） 5月（露地）	岐阜県	奈良県、全国	赤肉小玉。旭大和と嘉宝の子	30 粒	300 円
大和クリーム西瓜	2月（温床） 5月（露地）	三重県	奈良県、全国	風味最高で黄肉スイカが高級品に	30 粒	300 円
嘉宝西瓜	2月（温床） 5月（露地）	三重県	全国	小型黄肉。楕円型	30 粒	300 円
銀大和西瓜	2月（温床） 5月（露地）	奈良県	奈良県	珍しい白肉。糖度は高くない	30 粒	300 円
くろべ西瓜	2月（温床） 5月（露地）	石川県	富山県	赤肉長大。ラットルスネーク種	10 粒	500 円
でえらい西瓜	2月（温床） 5月（露地）	奈良県	全国	100 kg コンテスト用スイカ	5 粒	500 円

新大和２号西瓜	2月（温床） 5月（露地）	奈良県	奈良県	縞皮赤肉西瓜	30粒	300円
黒小玉西瓜	2月（温床） 5月（露地）	長野県	長野県	赤肉で黒皮小玉	10粒	300円

マクワウリ／シロウリ（ウリ科）

品種	まき時	採種地	主産地	特徴	約粒数	価格
みずほニューメロン	5月（直播）	タイ	石川県、全国	淡緑球型。梨瓜	60粒	300円
奈良1号まくわ瓜	5月（直播）	奈良県	愛知県、奈良県、全国	黄皮中型	60粒	300円
甘露まくわ瓜	5月（直播）	岩手県	関東、東北	銀マクワ。淡緑長円型	60粒	300円
南部金まくわ瓜	5月（直播）	岩手県	東北	金マクワ、甘露を早生に改良	60粒	300円
網干メロン	5月（直播）	兵庫県	兵庫県	小型で甘く、皮ごと食べられる	60粒	300円
白鶴の子瓜	5月（直播）	岩手県	全国	白皮、梨瓜、品質優良	60粒	300円
タイガーメロン	5月（直播）	中国	全国	虎皮晩生、甘みが強い	60粒	300円
はぐら瓜（白）	4～6月(露地)	千葉県	千葉県、関東	やわらか浅漬け用	60粒	300円
はぐら瓜（青）	4～6月(露地)	千葉県	千葉県、関東	やわらか浅漬け用	60粒	300円
かりもり瓜	4～6月(露地)	愛知県	中部	粕漬け。堅瓜	60粒	300円
桂大長白瓜	4～6月(露地)	中国	京都府、関西	奈良漬け等	50粒	300円
かわず瓜	4～6月(露地)	愛知県	北陸、中部	蛙縞模様	60粒	300円
沼目白瓜	4～6月(露地)	福井県	北陸、中部	定番シロウリ。美味	60粒	300円

キュウリ（ウリ科）

品種	まき時	採種地	主産地	特徴	約粒数	価格
奥武蔵地這胡瓜	4～7月 （露地直播）	埼玉県	埼玉県	耐病性、やわらか地這い	50粒	300円

ときわ地這胡瓜	4〜7月（露地直播）	埼玉県	埼玉県、全国	地這いキュウリの定番	50粒	300円
霜知らず地這胡瓜	4〜8月（露地）	埼玉県	埼玉県、全国	遅まき用地這い	50粒	300円
相模半白胡瓜	3月（温床）4、5月（露地）	中国	関東、全国	黒イボ、節なり性強い	50粒	300円
神田四葉胡瓜	3月（温床）4、5月（露地）	奈良県	全国	美味、長型	40粒	300円
大和三尺胡瓜	3月（温床）4、5月（露地）	愛知県	関西	果長約35cm	50粒	300円
聖護院青長節成胡瓜	3月（温床）4、5月（露地）	中国	関西	節なりキュウリ	50粒	300円
加賀節成胡瓜	3月（温床）4、5月（露地）	石川県	石川県	黒イボ、節なりキュウリ	50粒	300円
加賀太胡瓜	3月（温床）4、5月（露地）	石川県	石川県	CMに使用されて人気に。太く煮物用	40粒	500円
赤毛瓜	4〜7月（露地直播）	タイ	沖縄県	赤モウイ。漬け物、炒め物	50粒	300円
夏節成胡瓜	5、6月	岐阜県	九州、全国	夏秋節成の白イボキュウリ	40粒	300円
新夏秋地這胡瓜	4〜7月（露地直播）	宮城県	全国	白イボ、地這いキュウリ	40粒	300円

ユウガオ／ヒョウタン（ウリ科）

品種	まき時	採種地	主産地	特徴	約粒数	価格
大長夕顔	3月（温床）5月（直播）	長野県	栃木県、全国	病害に強く多収穫。家庭菜園用に最適	15粒	300円
大丸夕顔	3月（温床）5月（直播）	岐阜県	栃木県、全国	丸型のユウガオ	15粒	300円
大ひょうたん（ジャンボ太閤）	3月（温床）5月（直播）	福井県	全国	大型で30cm以上に。非食用	8粒	300円
千成ひょうたん	4〜5月(直播)	長野県	全国	典型的な形をしたヒョウタン。着果数が多い	20粒	300円

ヘチマ（ウリ科）

品種	まき時	採種地	主産地	特徴	約粒数	価格
太へちま	3月（温床） 4、5月（露地）	愛知県	全国	若い実は食用になる	30粒	300円
沖縄食用へちま	3月（温床） 4、5月（露地）	中国	沖縄県、九州	繊維が少ない。ナーベラー	30粒	300円

トウガン（ウリ科）

品種	まき時	採種地	主産地	特徴	約粒数	価格
大長とうがん	4～6月(露地)	愛知県	関東以西	大長台湾型	25粒	300円
大丸とうがん	4～6月(露地)	愛知県	関東以西	日本在来型	25粒	300円
早生小丸とうがん	4～6月(露地)	福島県	関東以北	朝鮮型早生	25粒	300円
沖縄とうがん	4～6月(露地)	中国	沖縄県	3～4kg。濃緑中玉	25粒	300円

カボチャ（ウリ科）

品種	まき時	採種地	主産地	特徴	約粒数	価格
東京南瓜	4、5月	宮城県	関東、東北	西洋カボチャ。栗カボチャの元祖	20粒	300円
打木赤皮甘栗南瓜	4、5月	長野県	石川県、中部	西洋カボチャ×日本カボチャ	15粒	300円
鹿ヶ谷南瓜	4、5月	中国	京都府	日本カボチャ。晩生ヒョウタン型。煮物	20粒	300円
日向14号南瓜	4、5月	福島県	九州	日本カボチャの代表。3～5kgの濃緑中玉。煮物	25粒	300円
神田小菊南瓜	4、5月	奈良県	関西	日本カボチャ。黒皮小型菊座型。煮物	25粒	300円
ハイグレー南瓜	4、5月	福井県	全国	ラグビーボール型	10粒	350円
錦糸瓜（そうめん南瓜）	4、5月	長野県	全国	ペポカボチャ。三杯酢	25粒	300円
ズッキーニ	4、5月	アメリカ	全国	ペポカボチャ。炒め物	25粒	300円
アトランチックジャイアント	4、5月	福井県	全国	巨大コンテスト用。飼料用	10粒	420円

スクナカボチャ	4〜5月	福井県	岐阜県	西洋栗カボチャの伝統種	5粒	300円

ニガウリ（ウリ科）

品種	まき時	採種地	主産地	特徴	約粒数	価格
沖縄中長苦瓜	5月〜（直播）	タイ	沖縄県	果長25〜30㎝	20粒	350円
沖縄あばし苦瓜	5月〜（直播）	タイ	沖縄県	果長20〜25㎝	20粒	350円
沖縄純白ゴーヤー	5月〜（直播）	タイ	沖縄県	純白色、ほろ苦	10粒	420円
沖縄願寿ゴーヤー	5月〜（直播）	徳島県	沖縄県	超大型。ほろ苦	20粒	420円
さつま大長苦瓜	5月〜（直播）	福岡県	鹿児島県	果長30〜50㎝。苦い	20粒	350円
白大長れいし	5月〜（直播）	福岡県	宮崎県	白に近い淡色。ほろ苦	20粒	420円
すずめミニ苦瓜	5月〜（直播）	中国	沖縄県	ミニサイズ（5㎝）。激苦	20粒	500円

オクラ（アオイ科）

品種	まき時	採種地	主産地	特徴	約粒数	価格
クレムソン	3〜6月(直播)	アメリカ	全国	細長い五角オクラ。大豊産種	200粒	300円
東京香芯五角オクラ	5月〜（直播）	中国	全国	五角オクラ。大豊産種	200粒	300円
八丈オクラ	5月（直播）	東京都	八丈島	丸さやで大型。やわらかい	200粒	300円
島オクラ	5月（直播）	インド	沖縄県	丸さや。やわらかい	200粒	300円
白オクラ楊貴妃	5月（直播）	山口県	山口県	丸さや。やわらかい	15粒	294円

●葉茎菜類

コマツナ（アブラナ科）

品種	まき時	採種地	主産地	特徴	約粒数	価格
改良黒葉小松菜	春、秋	長野県	全国	葉色が濃い	2000粒	300円
丸葉小松菜	周年	イタリア	全国	江戸野菜、丸葉	2000粒	300円

新黒水菜小松菜	周年	イタリア	全国	葉が黒色。大晩生で最も周年栽培に向く	2000粒	300円
新晩生小松菜	9、10月	イタリア	埼玉県、全国	種に黄色い粒が混じる。晩生	2000粒	300円
ごせき晩生小松菜	春、秋	千葉県	全国	とう立ち遅く、甘くやわらかい	2000粒	300円

サントウナ（アブラナ科）

品種	まき時	採種地	主産地	特徴	約粒数	価格
盛岡山東菜	春	岩手県	岩手県	春まき。とう立ちが遅く、美味	2000粒	300円
新山東菜	春、秋	イタリア	関東	別名春まき山東。切れ葉	2000粒	300円
丸葉山東菜	春、秋	イタリア	全国	丸葉で肉質は柔軟	2000粒	300円
花心白菜	8月下旬～9月上旬	茨城県	関東	黄芯の大型山東	2000粒	300円
東京べか菜	周年	ニュージーランド	東京都	極早生で小さいうちに出荷	2000粒	300円
半結球山東菜	春、秋	アメリカ	関東	大型。小さいものがべか山東	2000粒	300円

カラシナ（アブラナ科）

品種	まき時	採種地	主産地	特徴	約粒数	価格
リアスからし菜	8、9月	イタリア	全国	サラダでおいしい	2000粒	300円
赤リアスからし菜	8、9月	ニュージーランド	全国	サラダの彩りに	2000粒	300円
黄がらし菜	9、10月	イタリア	全国	黄色い種がマスタード。和がらし	2000粒	300円
縮緬葉がらし菜	春、秋	イタリア	東北、全国	縮れた葉が美しい	2000粒	300円
三池高菜	春、秋	福岡県	九州、全国	赤い高菜。漬け物用	2000粒	300円
青ちりめん高菜	9、10月	福島県	東北、関東	青い大葉の高菜	2000粒	300円

結球高菜	8、9月	台湾	中国野菜	ソフトボール大に結球する珍しい高菜	2000粒	300円
清国青菜	9、10月	宮城県	東北	別名山形青菜(せいさい)	2000粒	300円
博多かつを菜	9、10月	福岡県	九州	かき菜。雑煮菜	2000粒	300円
沖縄島菜	初夏〜秋	中国	沖縄県	香りよく暑さに強い	2000粒	300円
わさび菜	初夏〜秋	福岡県	全国	かき菜。サラダに	1000粒	300円

ハクサイ(アブラナ科)

品種	まき時	採種地	主産地	特徴	約粒数	価格
松島新二号白菜	8月中旬〜9月初旬	イタリア	全国	75日型。つくりやすく味が良い	1000粒	300円
松島純二号白菜	8月中旬〜9月	イタリア	全国	65日型。日本で最も古い結球ハクサイ	1000粒	300円
ちりめん白菜	8月下旬〜9月中旬	茨城県	関東	半結球。長崎唐人菜の系統	2000粒	300円
愛知白菜	8、9月	岐阜県	全国	60〜65日型。早生で品質良い	1000粒	300円
金沢大玉結球白菜	8月下旬	石川県	全国	貯蔵用大型結球	1000粒	300円

キャベツ(アブラナ科)

品種	まき時	採種地	主産地	特徴	約粒数	価格
札幌大球甘藍	寒冷地5月 中間地・暖地9月	北海道	北海道	4〜10kgに育つ大型種	150粒	300円
札幌大球甘藍4号	寒冷地5月 中間地・暖地9月	北海道	北海道	15〜20kgに育つ超大型種	100粒	300円
中生成功甘藍	3〜7月 9月下〜10月	愛知県	全国	つくりやすい三季まきキャベツ	450粒	300円
極早生早春甘藍	9月中旬〜	宮城県	全国	早どり用春キャベツ	450粒	300円

富士早生甘藍	9月～10月上旬	福岡県	全国	やわらか春キャベツ	450粒	300円
青汁ケール	3～10月	岐阜県	全国	青汁用のケール	500粒	300円

カリフラワー／ブロッコリー（アブラナ科）

品種	まき時	採種地	主産地	特徴	約粒数	価格
野崎早生カリフラワー	6～8月、10月	鹿児島県	全国	固定種カリフラワーの定番品種	400粒	300円
みなれっと	7～8月	愛知県	全国	ロマネスコ型の緑色のカリフラワー	20粒	420円
ブロッコリー／ドシコ	6～8月	アメリカ	全国	固定種ブロッコリーの定番品種	400粒	300円

中国野菜（アブラナ科）

品種	まき時	採種地	主産地	特徴	約粒数	価格
早生チンゲンサイ	春、秋	イタリア	全国	小型で早どり用	2000粒	300円
中生チンゲンサイ	9、10月	イタリア	全国	中型でとう立ち遅い	2000粒	300円
白茎パクチョイ	9、10月	イタリア	全国	小型で白茎	2000粒	300円
紹菜(タケノコ白菜)	8、9月	イタリア	全国	タケノコ型のパリパリ白菜	2000粒	300円
タアツァイ	4～10月	イタリア	全国	濃緑葉で冬平たく夏は立勢	2000粒	300円
紅菜苔（コウサイタイ）	8月下旬～9月	中国	全国	赤く美しいとうを食べる	2000粒	300円

その他ナッパ（アブラナ科）

品種	まき時	採種地	主産地	特徴	約粒数	価格
ビタミン菜	春、秋	ニュージーランド	全国	とう立ちが遅く、万能のナッパ	2000粒	300円
ちぢみ菜	春、秋	イタリア	全国	夏の直売場で特に好評	2000粒	300円
晩生広島菜	春、秋	広島県	中国	日本三大漬け物	2000粒	300円

四月しろ菜	春、秋	イタリア	関西、東北	とう立ちが遅い	2000粒	300円
野沢菜	8、9月	長野県	長野県、全国	日本三大漬け物	2000粒	300円
仙台芭蕉菜	8、9月	宮城県	東北	60㎝以上の大型ナッパ	2000粒	300円
早生京壬生菜	8月下旬～10月	滋賀県	京都府	丸葉のミズナ。早生種	2000粒	300円
中生京壬生菜	8、9月	長崎県	京都府	漬け物や鍋物に	2000粒	300円
晩生京壬生菜	8月下旬～10月	イタリア	京都府	春まで置ける晩生種	2000粒	300円
早生千筋京水菜	周年	デンマーク	全国	サラダ用に	2000粒	300円
中生千筋京水菜	8月下旬～10月	イタリア	全国	漬け物や鍋物に	2000粒	300円
晩生千筋京水菜	8月下旬～10月	イタリア	全国	大株にして漬け物や鍋物に	2000粒	300円
早池峰（はやちね）菜	8～10月	岩手県	岩手県	遠野の地野菜	2000粒	300円
雪白体菜（杓子菜）	9月	イタリア	埼玉県、全国	大型のパクチョイ。「つまみ菜」はこれ	2000粒	300円
宮内菜	9月	オーストラリア	群馬県	晩生芯つみ菜	2000粒	300円
女池菜	9月	新潟県	新潟県	別名新潟小松菜	2000粒	300円
大崎菜	9月	新潟県	新潟県	水かけ菜	2000粒	300円
長岡菜	9月	新潟県	新潟県	太い茎が美味の漬け菜	2000粒	300円
のらぼう菜	9月彼岸頃	埼玉県	東京都、埼玉県	甘みある丈夫な菜花	1000粒	300円
食用早生油菜	9、10月	イタリア	関東	食用、採油用	2000粒	300円
春立ち菜花	9、10月	宮城県	東北	早生菜花	800粒	300円
大和真菜	9、10月	鳥取県	奈良県	大根葉のカブ菜	2000粒	300円
体中菜	9、10月	奈良県	全国	チンゲン菜×体菜の新野菜	1000粒	300円
仙台雪菜	9、10月	イタリア	東北	寒さに強くほろ苦い	2000粒	300円

シュンギク／キクナ（キク科）

品種	まき時	採種地	主産地	特徴	約粒数	価格
中葉春菊	春、秋	デンマーク	関東	関東で一般的なシュンギク	8000粒	300円
大葉春菊	春、秋	香川県	関西	関西で一般的なキクナ	7000粒	300円
中村系春菊	春、秋	奈良県	全国	株張りの中大葉	4000粒	300円
おたふく春菊	春、秋	福岡県	中国、九州	丸葉で厚肉	5000粒	300円
スティック春菊	周年	デンマーク	全国	サラダ用で話題。一本立シュンギク	4000粒	300円

レタス／サニーレタス／サラダナ／チシャ（キク科）

品種	まき時	採種地	主産地	特徴	約粒数	価格
オリンピア	2～3月	アメリカ	全国	おいしい夏レタス	700粒	300円
早生サリナス	8、9月	アメリカ	全国	寒さに強いレタス	700粒	300円
しずか	8、9月	オーストラリア	全国	少肥栽培向きのおいしいレタス	700粒	300円
サニーレタス	春、秋	アメリカ	全国	赤いサニーレタス	1000粒	300円
サラダ菜	春、秋	オーストラリア	全国	レタスの仲間で一番つくりやすい	1000粒	300円
チマ・サンチュ	春、秋	韓国	茨城県	焼肉用かきちしゃ	1000粒	300円
白かきちしゃ	春、秋	愛知県	関西、中部	苦みが出ない	1000粒	300円

ネギ（ユリ科）

品種	まき時	採種地	主産地	特徴	約粒数	価格
石倉根深一本葱	9月、3月	トルコ	関東	一本ネギの代表種	1200粒	300円
余目一本太葱	9月	南アフリカ	宮城県	仙台曲がりネギ	1500粒	300円
下仁田葱	10月	山梨県	群馬県	短く太い殿様ネギ	1000粒	300円

岩槻葱	周年	アメリカ	関東	分けつ葉ネギ	1500 粒	300 円
京都九条太葱	周年	イタリア	関西	元祖万能葉ネギ	2000 粒	300 円
汐止晩生葱	春秋彼岸前後	チリ	関東	とう立ち遅い分けつ春ネギ	1500 粒	300 円
赤ひげ葱	春秋彼岸前後	チリ	関東	赤皮の分けつネギ	1200 粒	300 円
浅黄系九条細葱	周年	イタリア	関西	分けつ多い細ネギ	1200 粒	300 円
越津葱	春、秋	岐阜県	愛知県	分けつネギ	1200 粒	300 円

ホウレンソウ（ヒユ科）

品種	まき時	採種地	主産地	特徴	約粒数	価格
豊葉法連草	9、10 月	デンマーク	関東	日本×ミンスター針種	3000 粒	300 円
あかね法連草	9月中旬～10月中旬	岩手県	山形県	寒くなると葉も赤くなる針種	2300 粒	300 円
日本ほうれん草	9、10 月	デンマーク	全国	おいしい切葉赤根の在来種針種	3000 粒	300 円
治郎丸法連草	9、10 月	デンマーク	中部、関西	日本×西洋針種	3000 粒	300 円
丸粒ミンスターランド	11 月～春	デンマーク	全国	丸粒西洋種だが日本種に似る	3000 粒	300 円
針種ミンスターランド	11 月～春	デンマーク	全国	とう立ち遅い洋種。針種	3000 粒	300 円

フダンソウ／ビート（アカザ科）

品種	まき時	採種地	主産地	特徴	約粒数	価格
日本白茎ふだん草	周年	イタリア	全国	英名／スイスチャード	500 粒	300 円
黒種小粒白茎ふだん草	周年	中国	全国	関西名／うまい菜	600 粒	300 円
デトロイト・ダークレッド	春、秋	新潟県	全国	テーブルビート	600 粒	300 円

シソ（シソ科）

品種	まき時	採種地	主産地	特徴	約粒数	価格
純赤縮緬シソ	3～5月	宮城県	全国	梅干しなどの色づけに	2500粒	300円
青縮緬シソ	3～5月	宮城県	全国	いわゆる大葉	2500粒	300円
うらべにしそ	3～5月	埼玉県	各地	しそジュースに最適	2500粒	300円

エゴマ（シソ科）

品種	まき時	採種地	主産地	特徴	約粒数	価格
白エゴマ	4、5月	青森県	東北	採油、葉とり	3500粒	300円
黒エゴマ	4、5月	岩手県	東北	採油、葉とり	5000粒	300円

その他葉茎菜類

品種	まき時	採種地	主産地	特徴	約粒数	価格
パセリ	春、秋	イタリア	全国	改良パラマウント	750粒	300円
セロリ	6～7月	長野県	全国	改良コーネル619	1500粒	300円
三つ葉	梅雨時が最適	茨城県	全国	関東白茎三つ葉	3000粒	300円
コリアンダー	秋彼岸頃	イタリア	全国	香菜、パクチー	200粒	300円
ヒユナ（バイアム）	5月～	台湾	全国	葉を食べるアマランサス	5000粒	300円
食用太つるむらさき	5月～	タイ	全国	緑葉緑茎	100粒	300円
モロヘイヤ	5月～	タイ	全国	ヌメリが特徴の健康野菜	1000粒	300円
あしたば	4、5月	東京都	八丈島	種の寿命が短い	250粒	300円
おかひじき	4、5月	長野県	東北	シャリシャリ歯ざわり	800粒	300円
おかのり	春、秋	福井県	全国	虫つかず強健	1000粒	300円
たいりょう（ニラ）	春、秋	宮城県	全国	おいしいジャンボニラ	500粒	300円

いろこい菜	5月〜	中国	中国	濃緑のヒユナ	5000粒	300円

●根菜類

カブ（アブラナ科）

品種	まき時	採種地	主産地	特徴	約粒数	価格
早生今市かぶ	9、10月	奈良県	関西	早生扁円	2000粒	300円
聖護院大かぶ	8、9月	デンマーク	関西	千枚漬けはこれ	2000粒	300円
松ヶ崎浮菜かぶ	8、9月	徳島県	京都府	葉がミズナで根がカブ	1000粒	300円
寄居かぶ	8、9月	アメリカ	新潟県	天王寺系	2000粒	300円
遠野かぶ	8、9月	岩手県	岩手県	辛い遠野カブ	1200粒	300円
津田かぶ	8月下旬〜9月	島根県	島根県	匂玉状の紅白カブ	2000粒	300円
日野菜かぶ	春、秋	滋賀県	関西	紅白長カブ	2000粒	300円
木曽紅かぶ	8月下旬〜9月中旬	長野県	中部山地	赤紫色。すんき漬けに	2000粒	300円
温海かぶ	8月中下旬	山形県	山形県	焼畑栽培赤カブ	2500粒	300円
万木（ゆるぎ）赤かぶ	8月下旬〜9月中旬	岐阜県	滋賀県	アチャラ漬けなど漬け物用	2000粒	300円
近江万木かぶ	9月	滋賀県	滋賀県	根こぶ病抵抗性	1000粒	300円
みやま小かぶ	9月中旬	埼玉県	全国	金町系小カブ	2500粒	300円
大野紅かぶ	8月下旬〜9月	イタリア	北海道	葉も赤い赤カブ	2000粒	300円
加茂酸茎菜	9月	熊本県	京都府	すぐき菜漬け	2000粒	300円
博多据りかぶ	8〜10月	福岡県	福岡県	天王寺系	2000粒	300円
天王寺かぶ（切葉）	8、9月	大阪府	大阪府	日本カブのルーツ	2000粒	300円
東京長かぶ	9月中旬	茨城県	東京都	長いカブ	2000粒	300円
飛鳥あかねかぶ	9月中旬	奈良県	奈良県	細長型赤カブ	200粒	367円
矢島かぶ	8、9月	滋賀県	滋賀県	紅白丸カブ	2000粒	300円

ダイコン（アブラナ科）

品種	まき時	採種地	主産地	特徴	約粒数	価格
時無し大根	春、秋	ニュージーランド	京都府、全国	春まき用の代表種	700粒	300円
大丸聖護院大根	8、9月	福岡県	全国	浅い耕土の畑に	500粒	300円
みの早生大根	5月、8〜9月	千葉県	関東	暑さに強い	400粒	300円
衛青（アオナガ）大根	8、9月	イタリア	中国	別名ビタミン大根	400粒	300円
方領大根	8、9月	イタリア	中部	尾張の名物美味ダイコン	450粒	300円
桜島大根	8月	長崎県	鹿児島	大晩生種	400粒	300円
阿波晩生沢庵大根	8、9月	徳島県	関西	関西沢庵ダイコン	400粒	300円
燕京赤長大根	8、9月	イタリア	中国	皮は赤いが中は白い	400粒	300円
早生すなし聖護院大根	8、9月	福岡県	関西	す入りが遅い聖護院大根	400粒	300円
白上がり京大根	8、9月	徳島県	京都府	純白中型ダイコン	400粒	300円
青首宮重尻丸大根	9、10月	愛知県	中部、関西	尻止まりの良い青首	450粒	300円
和歌山大根	8、9月	和歌山県	和歌山県	純白中型ダイコン	400粒	300円
小瀬菜大根	8、9月	イタリア	宮城県	根こぶ病の畑をきれいにする葉ダイコン	500粒	300円
カザフ辛味大根	9月	中国	全国	青皮で丸い辛味大根	未詳	367円
中長聖護院大根	8、9月	岐阜県	全国	長型の聖護院大根	450粒	300円
赤筋大根	8、9月	愛知県	東北	赤い横筋がある	500粒	300円
宮重総太大根	8月下旬〜9月中旬	愛知県	全国	F_1青首総太大根の元祖	450粒	300円
宮重長太大根	8月下旬〜9月中旬	デンマーク	中部、関西	長型青首宮重	450粒	300円
京都薬味大根	8月下旬〜9月	熊本県	京都府	小さく丸い辛味大根	300粒	300円

ねずみ大根	8月下旬～9月	韓国	長野県	信州の辛味専用ダイコン	100粒	300円
(中之条) ねずみ大根	8月下旬～9月	長野県	長野県	ねずみ型辛味大根	300粒	300円
練馬大長大根	8、9月	千葉県	関東	関東沢庵ダイコン	400粒	300円
吸込二年子大根	10月	千葉県	関東	春どり用ダイコン	400粒	300円
打木源助大根	8月20日～9月10日	愛知県	石川県	おいしい中型青首ダイコン	400粒	300円
京都青味大根	8月下旬～9月中旬	徳島県	京都府	宮中行事用小型ダイコン	300粒	300円
青丸紅芯大根	8月下旬～9月中旬	アメリカ	中国	青皮で中が赤い。甘酢で美味	400粒	300円
四季蒔倍辛大根	周年	奈良県	全国	周年栽培が可能な辛味ダイコン	120粒	300円
山田ねずみ大根	8月下旬～9月中旬	滋賀県	滋賀県	純白中型ダイコン(辛味用でない)	450粒	300円
守口大根	9月中旬	愛知県	岐阜県	細くて長～い	450粒	300円
紀州大根	8月下旬～9月中旬	岐阜県	和歌山県	和歌山大根の改良種	400粒	300円
沖縄島大根	8月下旬～9月	中国	沖縄県	別名鏡水大根	450粒	300円
大阪四十日大根	10月中下旬	アメリカ	関西	別名雑煮大根	500粒	300円
大蔵大根	8月下旬～9月	千葉県	関東	太くて短い晩生煮ダイコン	450粒	300円
三浦大根	9月中旬	埼玉県	関東	尻太りで長い貯蔵用煮ダイコン	450粒	300円
亀戸大根	11～12月	茨城県	東京都	春の高級漬け物ダイコン	600粒	300円
短型宮重総太大根	8、9月	愛知県	中部	短い青首ダイコン	450粒	300円
新西町大根	9月中旬	埼玉県	埼玉県	短めの理想大根	450粒	300円

ラディッシュ（アブラナ科）

品種	まき時	採種地	主産地	特徴	約粒数	価格
赤長二十日大根	周年	アメリカ	全国	ロングスカーレット	500粒	300円
赤丸二十日大根	周年	アメリカ	全国	コメット	500粒	300円
白長二十日大根	周年	アメリカ	全国	ホワイトアイシクル	500粒	300円
紅白二十日大根	周年	アメリカ	全国	フレンチ・ブレックファースト	500粒	300円
ミニマル大根	春、秋	アメリカ	全国	超小型、丸形ダイコン	400粒	298円

タマネギ（ユリ科）

品種	まき時	採種地	主産地	特徴	約粒数	価格
今井早生タマネギ	9月	イタリア	関西	太平型美味	800粒	300円
泉州中甲黄大タマネギ	9月初中旬	フランス	全国	固定種タマネギの定番	1000粒	300円
湘南レッド	9月20日頃	イタリア	全国	平型サラダ用赤タマネギ	700粒	300円
奥州タマネギ	9月初中旬	イタリア	全国	貯蔵用タマネギの元祖	1000粒	300円
ジェットボール	8月下旬～9月中旬	香川県	全国	春どり用極早生	500粒	300円
ノンクーラータマネギ	9月	香川県	全国	貯蔵性一番	800粒	300円
赤たまサラダ	9月	オーストラリア	全国	サラダ用甲高赤タマネギ	800粒	300円
仙台黄タマネギ	9月初中旬	宮城県	宮城県	貯蔵用丸タマネギ	1000粒	300円

ニンジン（セリ科）

品種	まき時	採種地	主産地	特徴	約粒数	価格
子安三寸人参	春、夏、秋	イタリア	全国	時なし三寸人参	2000粒	300円
黒田五寸人参	3月～7、8月	長崎県	全国	五寸人参の定番	1600粒	300円
冬越黒田五寸人参	7、8月	長崎県	全国	黒田から土に潜る系統を選抜	1600粒	300円
春蒔五寸人参	3～7月	イタリア	全国	おいしい五寸人参	2000粒	300円

紅福冬越五寸人参	7、8月	福島県	全国	夏まき専用おいしい五寸	2000粒	300円
万福寺大長人参	7、8月	福島県	関東	滝野川系日本の大長ニンジン	2000粒	300円
真紅金時人参	7、8月	香川県	関西	真っ赤な一尺人参	2000粒	300円
国分鮮紅大長人参	3～7月	イタリア	全国	春もまける西洋系大長ニンジン	2000粒	300円
沖縄島人参	7、8月	沖縄県	沖縄県	黄色い長ニンジン	2000粒	350円
ピッコロ人参	春、夏、秋	チリ	全国	ソーセージ型ミニニンジン	2000粒	300円
ラブリーキャロット	春、夏、秋	アメリカ	全国	丸型ミニニンジン	2000粒	300円
スーパー鮮紅一尺人参	7、8月	アメリカ	全国	甘い冬採り用の一尺人参	1000粒	300円

ゴボウ（キク科）

品種	まき時	採種地	主産地	特徴	約粒数	価格
三年子滝の川牛蒡	春、秋	岩手県	全国	秋まきできる三年子ゴボウ	350粒	300円
大浦太牛蒡	3～5月	岩手県	千葉県	太いが味は最高	350粒	300円
越前白茎牛蒡	春、秋	福井県	福井県	葉ゴボウで有名	280粒	300円
山ごぼうSB系	夏まき	長野県	中部	モリアザミの根	300粒	300円
美白牛蒡	春、秋	岩手県	全国	アクの出ない白肌ゴボウ	180粒	367円

●豆類・穀類・その他

エダマメ／ダイズ（マメ科）

品種	まき時	採種地	主産地	特徴	約粒数	価格
早生大豊緑枝豆	5月	北海道	全国	早生枝豆。白鳥系	100粒	300円
中生三河島枝豆	5、6月	岩手県	関東	中生枝豆。ダイズにも	100粒	300円
えんれい大豆	5、6月	長野県	長野県	中生系ダイズの代表	100粒	300円
鶴の子大豆	6月	北海道	北海道	中生系。大粒	80粒	300円

中晩生枝豆錦秋	6、7月	岩手県	東北	中晩生枝豆。ダイズにも	80粒	300円
中晩生枝豆秘伝	6、7月	岩手県	東北	晩生枝豆。おいしい	100粒	300円
グリーン75枝豆	5月 11月（加温ハウス）	北海道	全国	超極早生枝豆	80粒	300円
はやいっ茶枝豆	5月	北海道	東北	超極早生茶枝豆	100粒	300円
早生茶豆越後ハニー	5、6月	北海道	新潟県	茶枝豆	120粒	300円
中生晩酌茶豆	6月	北海道	東北	庄内五号系	100粒	300円
庄内一号茶豆（早生）	5、6月	岩手県	東北	ダダ茶豆	120粒	300円
庄内三号茶豆（中早生）	5、6月	岩手県	東北	ダダ茶	120粒	300円
庄内五号茶豆（中晩生）	5、6月	岩手県	東北	白山ダダ茶豆、赤花	100粒	300円
庄内七号茶豆（晩生）	5、6月	岩手県	東北	ダダ茶豆	100粒	300円
たんくろう枝豆	5、6月	岩手県	全国	枝豆用早生黒豆	100粒	300円
黒船枝豆	5、6月	北海道	全国	枝豆用早生黒豆	100粒	300円
丹波献上黒大豆	6、7月	兵庫県	全国	晩生黒豆煮物用	50粒	350円
岩手みどり豆	6、7月	岩手県	東北	晩生青ダイズ	90粒	300円
晩生青入道枝豆	6、7月	福島県	東北	晩生青ダイズ	80粒	300円
信濃くらかけ大豆	6、7月	長野県	長野県、北海道	鞍掛状の黒い斑が入った青ダイズ	100粒	300円
ひざ栗毛枝豆	6、7月	宮城県	東北	毛豆	80粒	300円

サヤインゲン（マメ科）

品種	まき時	採種地	主産地	特徴	約粒数	価格
いちずいんげん	4〜7月	タイ	全国	白種丸さや。形状抜群。長期多収	80粒	300円
黒種尺五寸いんげん	4〜7月	北海道	全国	黒種丸さや。成りは遅いが美味	90粒	300円

ケンタッキーワンダー RR	4～7月	アメリカ	全国	茶種丸さや。どじょういんげん改良種。美味	80粒	300円
ケンタッキー101	4～7月	アメリカ	全国	早生白種丸さや	100粒	300円
白種ケンタッキー	4～7月	アメリカ	全国	白種丸さや。収量抜群	100粒	300円
マンズナルいんげん	4～7月	岩手県	東北	極早生平さや。煮豆も美味	50粒	300円
つるあり成平いんげん	4～7月	オランダ	全国	平さや豊産	70粒	300円
つるありモロッコいんげん	4～7月	北海道	全国	早生。やや短型の平さや	60粒	300円
沖縄島いんげん	4～7月	沖縄県	沖縄県	大平さや。尺八寸	60粒	300円
南星（ハイブシ）	4～7月	沖縄県	沖縄県	暑い中でよく成る	80粒	300円
鈴成八ツ房いんげん	4～7月	福島県	関東	真夏もよく成る。丸さや。スジあり	120粒	300円
八重みどりいんげん	4～7月	北海道	全国	おいしい丸さや。つるなし	80粒	300円
レマンつるなし	4～7月		全国	やわらかい平さや。つるなし	70粒	300円
つるなしモロッコインゲン	4～7月	アメリカ	全国	早生。やや短型の平さや	50粒	300円
ナリブシいんげん	4～7月	中国	沖縄県	暑さに強く丸さや	80粒	300円

インゲンマメ（マメ科）

品種	まき時	採種地	主産地	特徴	約粒数	価格
金時菜豆	4～7月	北海道	北海道	つるなし赤煮豆	60粒	300円
白金時菜豆	4～7月	長野県	長野県	つるなし白煮豆	50粒	300円
銀手亡	4～7月	北海道	北海道	半つる性白煮豆	90粒	300円
長鶉菜豆	4～7月	北海道	全国	つるなしうずら豆	60粒	300円
丸鶉菜豆	4～7月	北海道	全国	つるありうずら豆	50粒	300円
大福菜豆	4～7月	北海道	北海道	つるあり白煮豆	40粒	300円

フジマメ（マメ科）

品種	まき時	採種地	主産地	特徴	約粒数	価格
赤花鵲豆	4～6月	岐阜県	関西	ふじ豆、千石豆	80粒	300円
白花鵲豆	4～6月	岐阜県	関西	同上	80粒	300円

ハナマメ（マメ科）

品種	まき時	採種地	主産地	特徴	約粒数	価格
赤花豆	平地では7月まき	北海道	高冷地	高温下では実がつかない	15粒	300円
白花豆	平地では7月まき	北海道	高冷地	高温下では実がつかない	15粒	300円

アズキ（マメ科）

品種	まき時	採種地	主産地	特徴	約粒数	価格
早生小豆	5、6月	長野県	北海道	小粒アズキ	500粒	300円
丹波大納言	7月	兵庫県	全国	大粒土用アズキ	150粒	350円
白小豆	5、6月	北海道	北海道	白小粒	250粒	300円

ササゲ（マメ科）

品種	まき時	採種地	主産地	特徴	約粒数	価格
金時ササゲ	5、6月	茨城県	全国	実取り赤飯用	150粒	300円
三尺ササゲけごんの滝	5、6月	アメリカ	全国	さや取り用やわらか	50粒	300円

ソラマメ（マメ科）

品種	まき時	採種地	主産地	特徴	約粒数	価格
ロングリーン	10月	イタリア	全国	長さや大粒	15粒	300円
河内一寸蚕豆	10月	大阪府	関西	極大粒美味	8粒	300円
讃岐長莢蚕豆	10月	香川県	香川県	5～6粒入りの小粒ソラマメ	25粒	300円

エンドウ（マメ科）

品種	まき時	採種地	主産地	特徴	約粒数	価格
日本絹莢豌豆	11月上中旬	北海道	全国	白花つるあり伝統種	100粒	300円
ゆうさや豌豆	11月	中国	全国	赤花つるあり豊産種	100粒	300円
子宝30日豌豆	11月、4～7月	イタリア	全国	茎長1m半つる性	120粒	300円
仏国大莢豌豆	11月	中国	全国	赤花やわらかつるあり	80粒	300円
園研大莢豌豆	11月	千葉県	全国	超大型つるあり	60粒	300円
スナック豌豆	11月上旬	アメリカ	全国	甘いつるあり白花	120粒	300円
成金つるなし豌豆	11月上旬	岩手県	全国	赤花つるなし	120粒	300円
グリーンピース	11月上旬	アメリカ	全国	実取りつるあり	100粒	300円
ロングピース	11月上旬	アメリカ	全国	実取り長さやつるあり	100粒	300円
白目豌豆	11月上旬	岩手県	全国	実取りつるあり	90粒	300円
緑うすい豌豆	11月上旬	中国	全国	実取りつるあり	80粒	300円
ツタンカーメンの豌豆	11月	イタリア	全国	実取りつるあり	20粒	300円

コメ（イネ科）

品種	まき時	採種地	主産地	特徴	約粒数	価格
ひとめぼれ	4月	岩手県	東北、全国	ベストセラー水稲	2000粒	300円
黒米（朝紫）	4月	岩手県	全国	もち性水稲	2000粒	300円
陸稲農林1号	5月	愛知県	全国	もちおかぼ	2000粒	300円
陸稲農林24号	5月	岐阜県	全国	うるちおかぼ	2000粒	300円
自然栽培ササニシキ	4月	宮城県		良食味	2000粒	300円
あきたこまち	4月	岩手県	東北、全国	広域栽培に適する	2000粒	300円

ムギ（イネ科）

品種	まき時	採種地	主産地	特徴	約粒数	価格
普通小麦	10、11月	東京都	関東	農林61号	2000粒	300円
南部小麦	10、11月	岩手県	東北	グルテン多め	2000粒	300円
六条大麦	10、11月	長野県	全国	麦茶	1800粒	300円
二条大麦	10、11月	群馬県	全国	ビール麦	1800粒	300円
ライ麦	春、秋	アメリカ	全国	ライ麦パン等	3500粒	300円
エン麦	春、秋	アメリカ	全国	緑肥	1600粒	300円
パン小麦	11月	岩手県	岩手県	岩手生まれのゆきちから	2000粒	300円

トウモロコシ（イネ科）

品種	まき時	採種地	主産地	特徴	約粒数	価格
白もちとうもろこし	5、6月	岩手県	全国	ゆでてもちもち。白粒	100粒	300円
黒もちとうもろこし	5、6月	岩手県	全国	ゆでてもちもち。黒粒	100粒	300円
黄もちとうもろこし	5、6月	長野県	全国	ゆでてもちもち。黄粒	100粒	300円
甲州とうもろこし	5、6月	長野県	関東、中部	かたい。幼果を焼いて醤油で	100粒	300円
札幌黄八行とうもろこし	5、6月	北海道	北海道	焼きとうきびの元祖	100粒	300円
ポップコーン	5、6月	岐阜県	全国	はぜとうもろこし	200粒	300円

ゴマ（ゴマ科）

品種	まき時	採種地	主産地	特徴	約粒数	価格
金ゴマ	5、6月	群馬県	関東	黄粒	3000粒	300円
黒ゴマ	5、6月	中国	関西	黒粒	3000粒	300円
白ゴマ	5、6月	茨城県	全国	白粒	4000粒	300円

ソバ（タデ科）

品種	まき時	採種地	主産地	特徴	約粒数	価格
春ソバ	5、6月	北海道	高冷地	平地には不向き	2500粒	300円
信州在来ソバ	8月下旬	アメリカ	長野県	信濃一号	1800粒	300円
信州大ソバ	8月下旬	長野県	全国	大粒で多収	1000粒	300円

その他雑穀

品種	まき時	採種地	主産地	特徴	約粒数	価格
ハトムギ	5、6月	岩手県	全国	ハトムギ茶	400粒	300円
もちアワ	5、6月	岩手県	全国	菓子や酒の原料	30000粒	300円
もちキビ	5、6月	岡山県	全国	もちや団子に	8000粒	300円
いなキビ	5、6月	岩手県	全国	うるち性	8000粒	300円
たかキビ	5、6月	岩手県	全国	ソルゴー、コーリャン	1500粒	300円
白ヒエ	5、6月	岩手県	東北	救荒作物として重要	8000粒	300円
アマランサス（赤）	5、6月	岩手県	東北	うるち性赤実	10000粒	300円
アマランサス（白）	5、6月	岩手県	東北	もち性白実	10000粒	300円
とんぶり	5月	秋田県	秋田県	紅葉が美しい。ホウキグサの実	800粒	300円
レンゲ	9～10月	中国	関東以南	緑肥	10000粒	300円

スプラウト用種子

品種	まき時	採種地	主産地	特徴	約粒数	価格
ブロッコリースプラウト	周年	アメリカ	全国	制ガン効果で有名に	3000粒	300円
アルファルファ	周年	アメリカ	全国	ルーサン。紫うまごやし	9000粒	300円
ブラックマッペ	周年	ミャンマー	全国	普通販売されている「もやし」はこれ	1500粒	300円
グリーンマッペ	周年	ミャンマー	全国	豆もやし	1500粒	300円

かいわれ大根	周年	アメリカ	全国	おなじみのスプラウト	3000粒	300円
ルビー貝割大根	周年	アメリカ	全国	ピンクの貝割れ大根	3000粒	300円
レッドキャベツスプラウト	周年	アメリカ	全国	赤茎スプラウト	4000粒	300円
マスタードスプラウト	周年	イタリア	全国	カラシナのスプラウト	4000粒	300円
トウミョウ（豆苗）	周年	フランス	全国	グリーンピースのスプラウト	350粒	300円

●イタリア野菜

品種	まき時	採種地	主産地	特徴	約粒数	価格
チーマディラーパ	春、秋	イタリア	イタリア	大きな花蕾の西洋ナバナ	80粒	295円
ラットゥーガ・ロマーナ	2～3月	イタリア	イタリア	ロメインレタス	80粒	295円
ラディッキョ・ロッソ	春、秋	イタリア	イタリア	チコリー	80粒	295円
ルコラ・セルバーティカ	春、秋	イタリア	イタリア	ワイルドロケット	500粒	295円
フィノッキオ	春、秋	イタリア	イタリア	フローレンス・フェンネル	80粒	295円
インサラータ・ミスタ	春、秋	イギリス	イタリア	レタスミックス	800粒	295円
バジリコ・ナーノ	春、秋	イタリア	イタリア	バジル	200粒	295円
プレッツェーモロ	3～5月、9月	フランス	イタリア	イタリアンパセリ	200粒	295円
ズッキーナ・ステラ	5月（直播）	イタリア	イタリア	花ズッキーニに好適	8粒	295円
ズッキーナ・トンダ	4～6月(露地)	イタリア	イタリア	丸ズッキーニ	8粒	295円
ズッキーナ・バンビーノ	4～6月(露地)	イタリア	イタリア	ミニズッキーニ	8粒	295円
バルバビエートラ	春、秋	インド	イタリア	断面が渦巻き模様のビート	80粒	295円

◆主な参考文献

『新装版 本物の野菜つくり〜その見方・考え方〜』藤井平司著（農文協）
『野菜』伊東正ほか著（実教出版）
『図解 やさしい野菜づくり』板木利隆著（家の光協会）
『つくる、食べる、昔野菜』岩崎政利、関戸勇著（新潮社）
「江澤正平さんの野菜術」（朝日新聞社）
「家庭菜園Q&A」家の光2010年5月号付録、川城英夫指導・監修（家の光協会）
『野菜園芸大事典』野菜園芸大事典編集委員会編（養賢堂）
『都道府県別 地方野菜大全』芦澤正和監修、タキイ種苗出版部編（農文協）
『野菜つくりと施肥』伊達昇著（農文協）
『家庭菜園の不耕起栽培』水口文夫著（農文協）
『自家採種ハンドブック』ミシェル・ファントンほか著、自家採種ハンドブック出版委員会訳（現代書館）
『野菜の種はこうして採ろう』船越建明著（創森社）
『自家採種入門』中川原敏雄、石綿薫著（農文協）
『有機農業ハンドブック〜土づくりから食べ方まで〜』日本有機農業研究会編集・発行（農文協発売）
『自然栽培ひとすじに』木村秋則著（創森社）
「nico通信おまとめBOOK」（nico）
『四季を味わうニッポンの野菜』丹野清志著（玄光社）
『有機・無農薬の野菜づくり』福田俊著（西東社）
『絵とき 金子さんちの有機家庭菜園』金子美登著（家の光協会）
『自然農の野菜づくり』川口由一監修、高橋浩昭著（創森社）
『家庭菜園 ご当地ふるさと野菜の育て方』金子美登、野口勲監修（成美堂出版）
『タネが危ない』野口勲著（日本経済新聞出版社）

●関野農園（関野幸生）
〒354-0025　埼玉県富士見市関沢3-45-11

●明石農園（明石誠一）
〒354-0041　埼玉県入間郡三芳町藤久保907-61

●しぶや農園（渋谷正和）
〒354-0004　埼玉県富士見市下南畑144

●棚宗サラダ農園（石川寛子、長野正野）
〒447-0818　愛知県碧南市若宮町4-63

●関谷農園（関谷和博）
〒359-0001　埼玉県所沢市下富204

●㈲サン・スマイル（松浦智紀）
1997年、食・農・環境の立て直しを念頭におき、おいしい食べもの、安心できる食材の流通事業体としてスタート。卸として無肥料自然栽培による農産物や加工品を主に扱う。また、店舗では米や青果物をはじめ、自然食品、生活用品、雑貨、化粧品などを販売。とくに無肥料自然栽培による固定種野菜は、安心で旨い野菜として好評を博している。nico（にこ）設立に尽力し、卸として無肥料自然栽培を後押しする役割を担っている
〒356-0052　埼玉県ふじみ野市苗間1-15-27
TEL：049-264-1903　FAX：049-264-1914
http://www.sunsmile.org/　E-mail : web@sunsmile.org

2012年2月1日現在（216頁以降）。nicoは執筆者、および一部の役員を掲載

● nico（にこ）

nicoは、「無肥料自然栽培から自立と和を紡ぐ」をキーワードに掲げる、生産者・消費者・流通者・小売店など様々な立場の約15名の正会員（会長：関野幸生）と約100名の准会員よりなる団体。無肥料自然栽培による「永続性」を打ち出し、少しでもそれぞれの立場の当事者感覚を会得し、ゆるぎない普及をしていこうという思いで活動を続けている。主な活動には、講演会の開催、現地勉強会、イベント開催、調査研究、会報『nico通信』の発行などがある。

無肥料自然栽培のコマツナ

無肥料自然栽培セミナーの分科会（右・関野会長）

設立は2008年4月。2007年、埼玉県ふじみ野市やその周辺の小売店や生産者、流通業者、消費者が共同して、固定種の種を普及している野口のタネ・野口種苗研究所の野口勲さんの講演会を開催。後に参加メンバーで「これを機に無肥料自然栽培を普及するための何らかの会をつくり、活動していきたい」という声が多く上がったことを受けて設立した。

大和言葉では、「和」と書いて「にこ」と読ませる。そして和草（にこぐさ）は、若い草、柔らかい草などの意味があり、新芽の勢いのある純粋な息吹をあらわす言葉。nicoという名称は、その「和」から付けられている。また、nicoは、Natural and Independent Cultivation Organization（自然栽培＆自立［種・作物・関わるすべての人の自立］栽培の定着を促進する団体）の頭文字をつなげた名称にもなっている。

ちなみにnicoが目指す無肥料自然栽培とは、自立と和をキーワードにした考え方で、一切の農薬と肥料を使用しない栽培法のことを示す。無肥料自然栽培を軸にして、食・農・環境の立て直しをはかり、次世代に胸を張ることのできる社会構築を企図するものである。

〒354-0025　埼玉県富士見市関沢3-45-11　関野農園内
http://nico.wonderful.to/

固定種野菜インフォメーション（本書内容関連）

●合同会社 野口種苗研究所

野口のタネ・野口種苗研究所（埼玉県飯能市）は、固定種の種を主力に販売している種屋。店頭販売はもちろん、電話、FAX、インターネットなどで販売している。

多くの種がF_1種となり、またホームセンターなどで手軽に種や苗が手に入れられるようになっている現在において、「みやま小かぶ」など自らが採種しているものをはじめ、多様な固定種の種を取りそろえている種屋は全国唯一と言ってもよく、全国の、安心・安全で美味しい野菜をつくろうとしている無肥料自然栽培、無農薬有機栽培などを行っているプロの農家や家庭菜園愛好家などにファンが多い。

〈野口のタネ・野口種苗研究所の歴史〉

1929年、初代・門次郎が蚕種と野菜種子を販売する野口種苗園を創業。

1955年、二代目・庄治が発芽試験器で実用新案を取得したこともあり、野口種苗研究所と改名。1957年、「みやま小かぶ」が原種コンクールで初の農林大臣賞受賞。

1974年、勲が三代目を受け継ぎ、店名を野口のタネ・野口種苗研究所とし、固定種の種の頒布を主力にしたり、ホームページを開設したりする。2008年春、店をそれまでの飯能市の商店街から実家（西武池袋線飯能駅、およびJR八高線東飯能駅から約7kmで名栗川沿いに位置する）脇に移転。2008年夏、固定種野菜の種の維持・普及、種をとおして食・農の本来の姿をめざしてきたことが評価され、第33回山崎記念農業賞受賞。

〒357-0067　埼玉県飯能市小瀬戸192-1　合同会社 野口種苗研究所
TEL：042-972-2478　FAX：042-972-7701
https://noguchiseed.com/　E-mail: seeds@noguchiseed.com

店の一角で袋入りの固定種の種を展示販売

木製計量マスと表面を均一にする棒

オクラの結実、開花

●

デザイン——寺田有恒　ビレッジ・ハウス
イラストレーション——宍田利孝
撮影——三宅 岳
写真協力——丹野清志　福田 俊　蜂谷秀人
桜井正喜　関野幸生　熊谷 正
明石誠一　渋谷正和　高橋浩昭
埼玉県農林総合研究センター園芸研究所
樫山信也　ほか
編集協力——村田 央　小野地 悠　松浦智紀
校正——吉田 仁

著者プロフィール

●野口 勲（のぐち いさお）

1944年、東京都青梅市生まれ。手塚治虫の担当編集者などを経ながら1974年、実家のある埼玉県飯能市にて家業の種屋を3代目として受け継ぐ。店名を野口のタネ・野口種苗研究所とし、個性的な風味、形質をもつ固定種野菜の種を取り扱う。2008年、山崎記念農業賞受賞。著書に『いのちの種を未来に』（創森社）など。

●関野幸生（せきの ゆきお）

1971年、埼玉県富士見市生まれ。建築・塗装、自動車整備などに従事した後の2001年、実家の跡継ぎとして就農。それまでの慣行栽培から減農薬栽培などを経て、農薬、肥料をまったく使用しない無肥料自然栽培と自家採種を実践。関野農園代表。2010年から無肥料自然栽培を普及、提唱する団体nico（にこ）会長。

執筆協力者（執筆順）

石川寛子（いしかわ ひろこ）

1965年、愛知県生まれ。棚宗サラダ農園代表。nico会員

長野正野（ながの まさの）

1967年、愛知県生まれ。棚宗サラダ農園運営

渋谷正和（しぶや まさかず）

1978年、埼玉県生まれ。しぶや農園代表。nico圃場技術指導員

明石誠一（あかし せいいち）

1974年、東京都生まれ。明石農園代表。nico副会長

固定種野菜《こていしゅやさい》の種《たね》と育《そだ》て方《かた》

2012年２月22日　第１刷発行
2024年12月４日　第13刷発行

著　　者――野口《のぐち》勲《いさお》　関野幸生《せきのゆきお》

発 行 者――相場博也
発 行 所――株式会社 創森社
〒162-0805 東京都新宿区矢来町96-4
TEL 03-5228-2270　FAX 03-5228-2410
https://www.soshinsha-pub.com
振替00160-7-770406
組　　版――有限会社 天龍社
印刷製本――中央精版印刷株式会社

 ISBN978-4-88340-267-0 C0061